ぶ人は、
変えて
ゆく人だ。

目の前にある問題はもちろん、

人生の問いや、

社会の課題を自ら見つけ、

挑み続けるために、人は学ぶ。

「学び」で、

少しずつ世界は変えてゆける。

いつでも、どこでも、誰でも、

学ぶことができる世の中へ。

旺文社

英単語ターゲット

1400

[5訂版]

実戦問題集

ターゲット編集部 編

旺文社

単語集に完全対応

本書は、『英単語ターゲット1400[5訂版]』(以下、単語集)に完全対応した問題集です。単語集掲載の1400見出し語をすべて出題しており、各セクションの100語を3回、全14セクションを42回で学習する構成です。

Part 1　Section　**1-1**
　　　　　　　　　1-2　　}　100語(単語番号1〜100)を
　　　　　　　　　1-3　　　　ランダムに出題

　　　　Section　**2-1**
　　　　　　　　　〜
　　　　Section　**13-3**

Part 3　Section　**14-1**
　　　　　　　　　14-2　　}　100語(単語番号1301〜1400)を
　　　　　　　　　14-3　　　　ランダムに出題

まずは単語集で単語の学習を行い、そのあとに覚えた内容を本書で確認するのがおすすめです。1セクションの100語を3回の中でランダムに出題しているので、単語をどの程度覚えられたかをしっかりと確認できます。

構成と使い方

各回とも **Step 1**, **Step 2**, **Step 3**, **Challenge** で構成されています。

Step 1　見出し語の意味・発音・アクセント問題

　　① 英単語の意味を選ぶ問題
　　② 日本語の意味を表す英単語を選ぶ問題
　　③ 見出し語の発音・アクセント問題

●見出し語の意味、単語集で 発・ア の付いている見出し語を中心に確認できます。

Step 2 見出し語の関連語

見出し語の反意語・同義語・派生語を答える問題

●さらなる語い力アップを目指します。

※単語集掲載の関連語を解答としています。

Step 3 見出し語の用法

英文の空所補充・和訳問題

●見出し語の使い方を文で確認できます。

※文頭にくる語も小文字にしています。

※単語集掲載の英文を解答としています。

Challenge 入試問題

空所補充・整序問題

●2015〜2018年に実施された大学入試問題から出題しています。

※英文の一部を改変・省略，出題形式を変更しているものもあります。

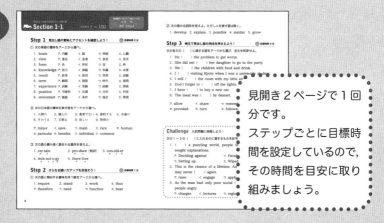

問題編

見開き2ページで1回分です。

ステップごとに目標時間を設定しているので，その時間を目安に取り組みましょう。

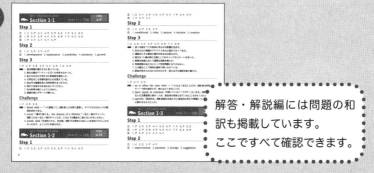

解答・解説編

解答・解説編には問題の和訳も掲載しています。

ここですべて確認できます。

CONTENTS

本書の特長と使い方 2

Part 1 これだけは覚えたい600語

Section 1　1 8
　　　　　　2 10
　　　　　　3 12
Section 2　1 14
　　　　　　2 16
　　　　　　3 18
Section 3　1 20
　　　　　　2 22
　　　　　　3 24
Section 4　1 26
　　　　　　2 28
　　　　　　3 30
Section 5　1 32
　　　　　　2 34
　　　　　　3 36
Section 6　1 38
　　　　　　2 40
　　　　　　3 42

Part 2 さらに実力を伸ばす500語

Section 7　1 46
　　　　　　2 48
　　　　　　3 50
Section 8　1 52
　　　　　　2 54
　　　　　　3 56
Section 9　1 58
　　　　　　2 60
　　　　　　3 62

Section 10	1	. . . .	64
	2	. . . .	66
	3	. . . .	68
Section 11	1	. . . .	70
	2	. . . .	72
	3	. . . .	74

Part 3 ここで差がつく300語

Section 12	1	. . . .	78
	2	. . . .	80
	3	. . . .	82
Section 13	1	. . . .	84
	2	. . . .	86
	3	. . . .	88
Section 14	1	. . . .	90
	2	. . . .	92
	3	. . . .	94

□装丁デザイン：及川真咲デザイン事務所　　□ペーパーイラスト制作・撮影：AJIN　　□本文デザイン：牧野剛士
□編集協力：株式会社シー・レップス　　□校閲：笠井喜生／株式会社交学社／大河恭子　　□編集担当：清水理代

Part 1

これだけは覚えたい

600語

Section 1	8
Section 2	14
Section 3	20
Section 4	26
Section 5	32
Section 6	38

Step 1　見出し語の意味とアクセントを確認しよう！

⏱ 目標時間 2 分

① 次の単語の意味をア～エから選べ。

1. brain　　ア. 内臓　　イ. 脳　　ウ. 神経　　エ. 心臓

2. view　　ア. 意見　　イ. 真意　　ウ. 意思　　エ. 発言

3. form　　ア. 色　　イ. 形状　　ウ. 音　　エ. 枠

4. knowledge　ア. 努力　　イ. 頭脳　　ウ. 知識　　エ. 本質

5. result　　ア. 結果　　イ. 原因　　ウ. 効果　　エ. 試験

6. term　　ア. 瞬間　　イ. 期限　　ウ. 時代　　エ. 期間

7. experience　ア. 試験　　イ. 実験　　ウ. 経験　　エ. 探検

8. position　ア. 可能性　イ. 位置　　ウ. 目的　　エ. 利害

9. environment　ア. 価値　　イ. 条件　　ウ. 地位　　エ. 環境

② 次の日本語の意味を表す語をア～ケから選べ。

1. 人間の　　2. 個人の　　3. 重要でない　4. 節約する　　5. 共通の

6. そのうえ　7. 主要な　　8. 珍しい　　9. 特別の

ア. minor　　イ. save　　ウ. main　　エ. rare　　オ. human

カ. particular　キ. besides　ク. individual　ケ. common

③ 次の語の最も強く読まれる箇所を答えよ。

1. cer-tain　　　　　2. pro-duce〔動詞〕　　3. con-sid-er
　　ア　イ　　　　　　　　　ア　イ　　　　　　　　ア　イ　ウ

4. tech-nol-o-gy　　5. there-fore
　ア　イ　ウ　エ　　　　　ア　イ

Step 2　さらなる語い力アップを目指そう！

⏱ 目標時間 1 分

① 次の語と類似する意味を持つ語をア～エから選べ。

1. require　　2. stand　　3. work　　4. thus

ア. therefore　イ. need　　ウ. function　エ. bear

② 次の語の名詞形を答えよ。ただし人を表す語は除く。

1. develop　2. explain　3. possible　4. similar　5. grow

Step 3　例文で見出し語の用法を押さえよう！　⏱ 目標時間 4 分

次の各文の（　）に適する語をア〜クから選び，全文を和訳せよ。

1. He（　　）the problem to get worse.
2. She did not（　　）her daughter to go to the party.
3. We（　　）the children with food and drink.
4. I（　　）visiting Kyoto when I was a university student.
5. I will（　　）the room with my little sister.
6. Don't forget to（　　）off the lights.
7. I have（　　）to buy a new car.
8. The meal was（　　）by dessert.

ア. allow　　　イ. share　　　ウ. remember　　エ. decided

オ. provided　　カ. turn　　　キ. followed　　ク. expects

Challenge　入試問題に挑戦しよう！　⏱ 目標時間 2 分 30 秒

次の 1 〜 3 の（　）に入れるのに適するものを記号で答えよ。

1. （　　）a puzzling world, people in every culture have sought explanations.　　　　　　　　　　　　　　（中央大）
   ア. Deciding against　　　　イ. Faced with
   ウ. Setting up　　　　　　　エ. Wiped out of

2. This is the chance of a lifetime. An opportunity like this may never（　　）again.　　　　　　　　　　（日本大）
   ア. raise　　　イ. engage　　ウ. apply　　エ. occur

3. As the man had only poor social（　　）, he often made people angry.　　　　　　　　　　　　　　　　（日本大）
   ア. charges　　イ. lectures　　ウ. regions　　エ. skills

Section 1-2

単語番号 1 ～ 100

Step 1　見出し語の意味と発音を確認しよう！

🕐 目標時間 2 分

① 次の単語の意味をア～エから選べ。

1. culture 　　ア. 歴史　　　　イ. 伝統　　　　ウ. 文化　　　　エ. 文明

2. support 　　ア. 持参する　　イ. 解決する　　ウ. 検討する　　エ. 支持する

3. explain 　　ア. 説明する　　イ. 紹介する　　ウ. 預ける　　　エ. 指摘する

4. worry 　　　ア. 感動する　　イ. 許す　　　　ウ. 心配する　　エ. 世話をする

5. rise 　　　　ア. 下げる　　　イ. 下がる　　　ウ. 上げる　　　エ. 上がる

6. follow 　　　ア. 次に続く　　イ. 横に置く　　ウ. あとに回す　エ. 前に倒す

7. concern 　　ア. 報道する　　イ. 関係する　　ウ. 指示する　　エ. 退屈する

8. develop 　　ア. 驚かせる　　イ. 開発する　　ウ. 喜ばせる　　エ. 落胆させる

9. fill 　　　　ア. 見つける　　イ. 節約する　　ウ. 満たす　　　エ. 分割する

② 次の日本語の意味を表す語をア～ケから選べ。

1. 成長する　　2. 起こる　　　3. 特徴を述べる　4. 直面する　　5. 感動させる

6. 経営する　　7. 信じる　　　8. 横たわる　　　9. 戻る

ア. touch 　　イ. happen 　　ウ. return 　　エ. grow 　　　オ. describe

カ. face 　　　キ. believe 　　ク. run 　　　　ケ. lie

③ 下線部の発音がほかの 3 つと異なる語を選べ。

1. ア. earth 　　イ. occur 　　ウ. hard 　　　　エ. furthermore

2. ア. thus 　　　イ. with 　　　ウ. through 　　エ. another

3. ア. spring 　　イ. please 　　ウ. close〔形容詞〕　エ. sing

Step 2　さらなる語い力アップを目指そう！

🕐 目標時間 1 分

① 次の語と類似する意味を持つ語（句）をア～エから選べ。

1. moreover 　　2. raise 　　　3. value 　　　　4. nonetheless

ア. bring up 　　イ. besides 　　ウ. nevertheless 　エ. worth

② 次の語の形容詞形を答えよ。ただし -ed 形，-ing 形は除く。

1. condition　2. risk　3. nature　4. decide　5. create

Step 3　例文で見出し語の用法を押さえよう！　⏱ 目標時間4分

次の各文の（　　）に適する語をア〜クから選び，全文を和訳せよ。

1. Everything you eat has some（　　）on your body.
2. You should keep your parents' advice in（　　）.
3. It's（　　）that the driver is responsible for the accident.
4. She started her career as an actress at the（　　）of 15.
5. Teachers play an important（　　）in education.
6. Climate change may become a（　　）of life and death for us.
7. This word is used in a special（　　）here.
8. Despite the fines, they continued to break the（　　）.

ア. age　　　　イ. sense　　　ウ. role　　　エ. effect
オ. matter　　カ. mind　　　キ. rules　　　ク. clear

Challenge　入試問題に挑戦しよう！　⏱ 目標時間2分30秒

次の1〜3の（　　）に入れるのに適するものを記号で答えよ。

1. He drank too much at the party last night, as is often the
　（　　）with him.　　　　　　　　　　　　　　　（学習院大）
　ア. case　　　イ. occasion　　ウ. point　　　エ. rule
2. One of the main characters the writer created had（　　）
　with his own grandmother.　　　　　　　　　　（中央大）
　ア. anything to do　　　　　イ. closeness
　ウ. much in common　　　　　エ. origin
3. The teacher tried to get her students to focus their
　thoughts on（　　）ideas and issues.　　　　　（日本大）
　ア. extinct　　　イ. furious　　ウ. specific　　エ. vertical

Part 1 これだけは覚えたい600語

Section 1-3

単語番号 1 〜 100

英単語ターゲット1400 [5訂版]
p.18 〜 43

解答 別冊 p.5

Step 1 見出し語の意味とアクセントを確認しよう！

🕐 目標時間2分

① 次の単語の意味をア〜エから選べ。

1.	change	ア. 変える	イ. 見つける	ウ. 決める	エ. 請求する
2.	return	ア. 譲る	イ. 曲げる	ウ. 戻る	エ. 伸びる
3.	consider	ア. 見なす	イ. 比較する	ウ. 予測する	エ. 忘れる
4.	produce	ア. 成長する	イ. 生産する	ウ. 販売する	エ. 告白する
5.	raise	ア. 要求する	イ. 満たす	ウ. 横たわる	エ. 上げる
6.	condition	ア. 状況	イ. 間柄	ウ. 性質	エ. 様式
7.	skill	ア. 価値	イ. 区別	ウ. 技術	エ. 芸術
8.	nature	ア. 自然	イ. 環境	ウ. 気候	エ. 眺め
9.	furthermore	ア. したがって	イ. ついに	ウ. 次に	エ. そのうえ

② 次の日本語の意味を表す語をア〜ケから選べ。

1. 状況；立場　2. 原因　　3. 言語　　4. 考え　　5. 研究

6. 世話　　7. 理由；理性　8. 音　　9. 場合

ア. cause　　イ. care　　ウ. thought　エ. sound　　オ. case

カ. language　キ. situation　ク. research　ケ. reason

③ 次の語の最も強く読まれる箇所を答えよ。

1. or-di-nar-y
　ア　イ　ウ　エ

2. in-ter-est
　ア　イ　ウ

3. en-vi-ron-ment
　ア　イ　ウ　エ

4. spe-cif-ic
　ア　イ　ウ

5. par-tic-u-lar
　ア　イ　ウ　エ

Step 2 さらなる語い力アップを目指そう！

🕐 目標時間1分

① 次の語と反対の意味を持つ語をア〜エから選べ。

1. mind　　2. increase　　3. fill　　4. major

ア. empty　　イ. body　　ウ. minor　　エ. decrease

② 次の語の名詞形を答えよ。ただし人を表す語・同じつづりの語は除く。

1. improve　2. pay　3. store　4. suggest　5. individual

Step 3　例文で見出し語の用法を押さえよう！　◯ 目標時間 4 分

次の各文の（　　）に適する語をア〜クから選び，全文を和訳せよ。

1. Korean grammar is （　　） to Japanese grammar.
2. You are （　　） to use everything in this house.
3. We earn money in different （　　）.
4. I'm （　　） that you will pass the exam.
5. Those species are （　　） to die out in the very near future.
6. Fingerprints are （　　） to each individual.
7. Perfumes became popular among the （　　） public in the 19th century.
8. The doctor taught him how to （　　） with stress.

ア. similar　　イ. likely　　ウ. deal　　エ. ways
オ. general　　カ. free　　キ. unique　　ク. sure

Challenge　入試問題に挑戦しよう！　◯ 目標時間 2 分 30 秒

次の 1 〜 3 の（　　）に入れるのに適するものを記号で答えよ。

1. A: May I help you, Mr. Smith?
   B: Yes. I am here to see Mr. White. He is （　　） me.
   （法政大）
   ア. appointing　イ. expecting　ウ. knowing　エ. waiting
2. You （　　） smoke on the plane. It's against the law. （名城大）
   ア. are not allowed to　　　イ. are supposed to
   ウ. don't have to　　　　　エ. need not
3. Workers are （　　） gloves for protection.　（駒澤大）
   ア. preserved in　　　　　イ. proven beyond
   ウ. provided with　　　　　エ. protested by

Step 1　見出し語の意味とアクセントを確認しよう！　🕐 目標時間 2 分

① 次の単語の意味をア〜エから選べ。

1. order	ア. 注文する	イ. 購入する	ウ. 販売する	エ. 売却する
2. lead	ア. 読む	イ. 除く	ウ. 離す	エ. 導く
3. article	ア. 新聞	イ. 雑誌	ウ. 広告	エ. 記事
4. government	ア. 会議	イ. 政府	ウ. 州	エ. 都市
5. trade	ア. 注文	イ. 割合	ウ. 動機	エ. 貿易
6. figure	ア. 図	イ. おもちゃ	ウ. 定規	エ. 調査
7. quality	ア. 量	イ. 質	ウ. 頻度	エ. 価格
8. familiar	ア. 無関心な	イ. 興味のある	ウ. 好意的な	エ. よく知っている
9. positive	ア. 消極的な	イ. 積極的な	ウ. 親切な	エ. 独特な

② 次の日本語の意味を表す語をア〜ケから選べ。

1. 要求する　　2. むしろ　　3. 失う　　4. 制限する　　5. 伝言

6. 理論　　7. 見込み　　8. 財政の　　9. (印などを) つける

ア. limit　　イ. theory　　ウ. mark　　エ. chance　　オ. message

カ. rather　　キ. demand　　ク. lose　　ケ. financial

③ 次の語の最も強く読まれる箇所を答えよ。

1. of-fer　　　　　　2. a-void　　　　　　3. in-dus-try
　　ア　イ　　　　　　　　ア　イ　　　　　　　　ア　イ　ウ

4. ef-fort　　　　　　5. ap-pro-pri-ate
　　ア　イ　　　　　　　　ア　イ　ウ　エ

Step 2　さらなる語い力アップを目指そう！　🕐 目標時間 1 分

① 次の語と類似する意味を持つ語をア〜エから選べ。

1. affect　　2. bear　　3. colleague　　4. evidence

ア. influence　　イ. coworker　　ウ. stand　　エ. proof

② 次の語の名詞形を答えよ。ただし人を表す語は除く。

　　1. discover　2. argue　3. involve　4. refer　5. connect

Step 3　例文で見出し語の用法を押さえよう！　　⏱目標時間4分

次の各文の（　　）に適する語をア〜クから選び，全文を和訳せよ。

　　1. I (　　) that her eyes were red.
　　2. Please (　　) that food and drinks are not allowed in the theater.
　　3. I (　　) how important it is to learn a foreign language.
　　4. I instantly (　　) his face, but I couldn't remember his name.
　　5. Her boss often (　　) her to work overtime.
　　6. Some countries (　　) to the use of nuclear power.
　　7. I don't believe that personality is (　　) to blood type.
　　8. That medicine has (　　) side effects.

ア. related　　　イ. forces　　　ウ. noticed　　　エ. object
オ. recognized　カ. negative　　キ. realize　　　ク. note

Challenge　入試問題に挑戦しよう！　　⏱目標時間2分30秒

次の1, 2の（　　）に入れるのに適するものを記号で答えよ。

　　1. A: I have two tickets for the baseball game this Saturday.
　　　　 Would you like to go?
　　　 B: Of course! I wouldn't (　　) it.　　　　　　　　（法政大）
　　　 ア. like　　　　イ. miss　　　ウ. buy　　　エ. lose
　　2. As he was poor, he could not afford the tuition.
　　　 ≒ Poverty (　　) him from paying the tuition.　　（中央大）
　　　 ア. left　　　　イ. made　　　ウ. took　　　エ. prevented

Section 2-2 単語番号 101 〜 200

Step 1 見出し語の意味とアクセントを確認しよう！ ◯ 目標時間 2 分

① 次の単語の意味をア〜エから選べ。

1. reach   ア. かなえる   イ. 実施する   ウ. 昇進する   エ. 到着する
2. sentence   ア. 段落   イ. 改行   ウ. 文   エ. 章
3. issue   ア. 創刊号   イ. 主題   ウ. 問題   エ. 枠
4. policy   ア. 政治   イ. 政治家   ウ. 政策   エ. 選挙
5. customer   ア. 講師   イ. 役人   ウ. 顧客   エ. 俳優
6. rate   ア. 比率   イ. 重さ   ウ. 長さ   エ. 割引
7. quantity   ア. 質   イ. 量   ウ. 深さ   エ. 密度
8. necessary   ア. 余分な   イ. 膨大な   ウ. 必要な   エ. 役に立つ
9. passive   ア. 受動的な   イ. 自主的な   ウ. 保守的な   エ. 流動的な

② 次の日本語の意味を表す語をア〜ケから選べ。

1. 主張する   2. 近づく   3. 乗り遅れる   4. 身に着けている   5. 陳述
6. 実験   7. 機会   8. 普通の   9. そうでなければ

ア. approach イ. normal ウ. otherwise エ. miss   オ. experiment
カ. claim   キ. statement ク. wear   ケ. opportunity

③ 次の語の最も強く読まれる箇所を答えよ。

1. chal-lenge   2. pre-vent   3. e-con-o-my
　　ア　イ　　　　　　　　ア　イ　　　　　　　　ア　イ　ウ　エ

4. po-lit-i-cal   5. in-stead
　　ア　イ　ウ　エ　　　　　ア　イ

Step 2 さらなる語い力アップを目指そう！ ◯ 目標時間 1 分

① 次の語と類似する意味を持つ語をア〜エから選べ。

1. object   2. author   3. correct   4. contain
ア. control   イ. oppose   ウ. writer   エ. right

② 次の語の名詞形を答えよ。ただし人を表す語は除く。

1. achieve 2. include 3. relate 4. compare 5. encourage

Step 3 例文で見出し語の用法を押さえよう！　　　　⏱ 目標時間 4 分

次の各文の（　　）に適する語をア〜クから選び，全文を和訳せよ。

1. The kind boy （　　） his seat to an elderly lady.
2. The employees want to （　　） their working hours.
3. He （　　） to the report in his speech.
4. She （　　） a reply from him.
5. She expects to （　　） the race.
6. He （　　） the experience to play the role.
7. We （　　） our research to Asian nations.
8. I used a timer to （　　） reading speed.

ア. referred	イ. lacked	ウ. limited	エ. reduce
オ. win	カ. received	キ. offered	ク. measure

Challenge 入試問題に挑戦しよう！　　　　⏱ 目標時間 2 分 30 秒

次の 1 〜 3 の（　　）に入れるのに適するものを記号で答えよ。

1. A: Do you know today's weather forecast?
   B: Yes, there is no （　　） of rain.　　　　　　　（法政大）
   ア. chance　　イ. favorable　　ウ. opportunity　エ. probable

2. My brother made a great （　　） to pass the university entrance examination last year.　　　　　　　（名城大）
   ア. effect　　イ. affect　　ウ. afford　　エ. effort

3. 私たちは時に，本物と複製を見分けられないことがある。
   We sometimes （　　） to distinguish the originals from the copies.　　　　　　　（中央大）
   ア. can't　　イ. fail　　ウ. leave　　エ. mistake

Section 2-3

単語番号 101 〜 200

Step 1 見出し語の意味とアクセントを確認しよう！

⏰ 目標時間 2 分

① 次の単語の意味をア〜エから選べ。

1. complete ア. 完成させる イ. 回復させる ウ. 退屈させる エ. 競わせる
2. passage ア. 一節 イ. 熟語 ウ. 言葉 エ. 用語
3. subject ア. 記事 イ. 統計 ウ. 主張 エ. 主題
4. education ア. 学期 イ. 教育 ウ. 技術 エ. 教職
5. benefit ア. 負担 イ. 名声 ウ. 犠牲 エ. 利益
6. practice ア. 練習 イ. 本番 ウ. 完成 エ. 自習
7. amount ア. 分析 イ. 速度 ウ. 比率 エ. 金額
8. typical ア. 典型的な イ. まれな ウ. 有名な エ. 固有の
9. mental ア. 肉体の イ. 研究の ウ. 精神の エ. 肝心の

② 次の日本語の意味を表す語をア〜ケから選べ。

1. 測る　　　2. 会社　　　3. 論題　　　4. 教授　　　5. 科学の
6. いくぶん　7. 欠けている　8. 受け取る　9. 好ましくない

ア. measure イ. receive ウ. lack エ. professor オ. topic
カ. company キ. scientific ク. negative ケ. somewhat

③ 次の語の最も強く読まれる箇所を答えよ。

1. con-tact 　　　　2. fo-cus 　　　　3. proj-ect 〔名詞〕
　 ア　イ 　　　　　　 ア　イ 　　　　　　 ア　　イ
4. of-fi-cial 　　　5. some-how
　 ア　イ　ウ 　　　　 ア　　イ

Step 2 さらなる語い力アップを目指そう！

⏰ 目標時間 1 分

① 次の語と反対の意味を持つ語をア〜エから選べ。

1. physical 　2. expensive 　3. fail 　　　4. win
ア. succeed 　イ. mental 　ウ. lose 　　　エ. cheap

② 次の語の名詞形を答えよ。ただし人を表す語は除く。

1. recognize　2. social　3. various　4. available　5. reduce

Step 3　例文で見出し語の用法を押さえよう！　⏰ 目標時間 4 分

次の各文の（　　）に適する語をア〜クから選び，全文を和訳せよ。

1. She has a very（　　　）attitude toward everything.
2. We（　　　）the island by ship.
3. I（　　　）my key along the way.
4. He always（　　　）the same clothes.
5. Can I leave a（　　　）?
6. Charles Darwin is well known for his（　　　）of evolution.
7. I don't agree with the government's（　　　）on food.
8. She is engaged in international（　　　）.

ア. theory　　　　イ. policy　　　ウ. lost　　　　エ. wears

オ. reached　　　カ. positive　　　キ. trade　　　ク. message

Challenge　入試問題に挑戦しよう！　⏰ 目標時間 2 分 30 秒

次の 1〜3 の（　　）に入れるのに適するものを記号で答えよ。

1. Do you think this is an（　　　）occasion to discuss politics?　(日本大)
   ア. appropriate　イ. eventual　　ウ. infinite　　エ. objective
2. If people（　　　）with each other, they speak in an angry way because they disagree.　(駒澤大)
   ア. approve　　　イ. argue　　　ウ. chat　　　エ. communicate
3. She has been deeply（　　　）with the festival in her local community since she graduated from high school.　(学習院大)
   ア. confronted　イ. involved　　ウ. moved　　　エ. worried

Section 3-1   単語番号201 〜 300

Step 1 見出し語の意味とアクセントを確認しよう!   🕐 目標時間 2 分

① 次の単語の意味をア〜エから選べ。

1. waste	ア. 断る	イ. 浪費する	ウ. 止まる	エ. 考える
2. apply	ア. 判断する	イ. 申し込む	ウ. 購入する	エ. 所持する
3. exist	ア. 出る	イ. 存在する	ウ. 促す	エ. 失望する
4. act	ア. 抗議する	イ. 更新する	ウ. 行動する	エ. 提出する
5. medium	ア. 媒体	イ. 広告	ウ. 放送	エ. 宣伝
6. ground	ア. ふもと	イ. 頂上	ウ. 地下	エ. 地上
7. fear	ア. 恐怖	イ. 好奇心	ウ. 勇敢さ	エ. 悲しみ
8. ancient	ア. 現代の	イ. 古代の	ウ. 以前の	エ. 新規の
9. central	ア. 中心的な	イ. 都会的な	ウ. 利己的な	エ. 本質的な

② 次の日本語の意味を表す語をア〜ケから選べ。

1. ぴったり合う　2. 残り　3. 人口　4. 印象　5. 見たところ

6. 気づいて　7. 供給する　8. 傾向がある　9. 注意深い

ア. seemingly　イ. supply　ウ. fit　エ. tend　オ. rest

カ. image　キ. population　ク. careful　ケ. aware

③ 次の語の最も強く読まれる箇所を答えよ。

1. de-ter-mine　　　2. es-tab-lish　　　3. ad-van-tage
　　ア　イ　ウ　　　　　ア　イ　ウ　　　　　ア　イ　ウ

4. med-i-cine　　　5. cli-mate
　　ア　イ　ウ　　　　　ア　イ

Step 2 さらなる語い力アップを目指そう!   🕐 目標時間 1 分

① 次の語と類似する意味を持つ語をア〜エから選べ。

1. suppose　　2. found　　3. character　　4. current

ア. present　　イ. personality　ウ. think　　エ. establish

② 次の語の名詞形を答えよ。ただし人を表す語・同じつづりの語は除く。

　　1. imagine　2. express　3. identify　4. active　5. communicate

Step 3　例文で見出し語の用法を押さえよう！　⊘ 目標時間４分

次の各文の（　　）に適する語をア〜クから選び，全文を和訳せよ。

　　1. A（　　）wave hit the small boat.
　　2. （　　）, I can't meet you at the airport.
　　3. I（　　）why she doesn't look at me.
　　4. We went out for a walk, and（　　）, we ate lunch.
　　5. The rain in this picture（　　）sorrow.
　　6. I（　　）him for his charity work.
　　7. She always（　　）me like a child.
　　8. Kenya（　　）independence in 1963.

　ア. treats　　　イ. afterward　　ウ. respect　　　エ. gained
　オ. wonder　　　カ. represents　　キ. huge　　　　ク. unfortunately

Challenge　入試問題に挑戦しよう！　⊘ 目標時間２分30秒

次の 1, 2 の（　　）に入れるのに適するものを記号で答えよ。

　　1. ニューヨークに行く際には，ふだんは安全でにぎやかな地域にあるホテル
　　　を選びます。
　　　When I go to New York, I usually choose a hotel in a（　　）
　　　and busy area.　　　　　　　　　　　　　　　　　　　（成城大）
　　　ア. safe　　　　イ. safely　　　ウ. peaceful　　エ. security
　　2. A: Have you seen this advertisement for adventure
　　　　holidays in Canada?
　　　B: Yes, but I（　　）lying on a beach to skiing and
　　　　canoeing.　　　　　　　　　　　　　　　　　　　（学習院大）
　　　ア. go　　　　　イ. like　　　　ウ. prefer　　　エ. want

Step 1 見出し語の意味とアクセントを確認しよう！

目標時間 2 分

① 次の単語の意味をア〜エから選べ。

1. mention 　ア. 言及する 　イ. 解決する 　ウ. 意図する 　エ. 記入する
2. search 　ア. 整頓する 　イ. 解決する 　ウ. 預ける 　エ. 探す
3. decrease 　ア. 減る 　イ. 増える 　ウ. 伸びる 　エ. 示す
4. species 　ア. 苗 　イ. 茎 　ウ. 組織 　エ. 生物の種
5. task 　ア. 主題 　イ. 任務 　ウ. 負荷 　エ. 環境
6. pain 　ア. かゆみ 　イ. 痛み 　ウ. はれ 　エ. 発作
7. community 　ア. 協会 　イ. 地域社会 　ウ. 組織 　エ. 企業
8. whole 　ア. 一部の 　イ. 全体の 　ウ. 一般的な 　エ. 大幅な
9. wild 　ア. 貴重な 　イ. 積極的な 　ウ. 郊外の 　エ. 野生の

② 次の日本語の意味を表す語をア〜ケから選べ。

1. 要因 　　2. 範囲 　　3. 前の 　　4. 手に入れる 　5. 我慢強い
6. 見なす 　7. 詳細 　　8. 扱う 　　9. 責任がある

ア. regard 　イ. treat 　ウ. gain 　エ. range 　オ. factor
カ. detail 　キ. previous 　ク. patient 　ケ. responsible

③ 次の語の最も強く読まれる箇所を答えよ。

1. rep-re-sent 　　　2. dam-age 　　　3. pur-pose
　ア　イ　ウ 　　　　　ア　イ 　　　　　ア　イ

4. mem-o-ry 　　　5. pres-ent〔名詞・形容詞〕
　ア　イ　ウ 　　　　ア　イ

Step 2 さらなる語い力アップを目指そう！

目標時間 1 分

① 次の語と類似する意味を持つ語（句）をア〜エから選べ。

1. prove 　　2. decline 　　3. disease 　　4. region
ア. turn out 　イ. illness 　ウ. area 　エ. refuse

② 次の語の名詞形を答えよ。ただし人を表す語・同じつづりの語は除く。

1. solve　2. prepare　3. protect　4. enter　5. safe

Step 3　例文で見出し語の用法を押さえよう！　⏱目標時間4分

次の各文の（　　）に適する語をア〜クから選び，全文を和訳せよ。

1. He（　　）he could speak English.
2. His dream is to（　　）a school in his home country.
3. The government decided to（　　）the refugees with extra food.
4. The flu（　　）throughout the country.
5. He（　　）from stress at work.
6. The（　　）of living is low in this area.
7. Gray hair is a common（　　）in elderly people.
8. The main（　　）of the stomach is to digest food.

ア. wishes　　イ. standard　　ウ. spread　　エ. supply
オ. feature　　カ. suffers　　キ. establish　　ク. function

Challenge　入試問題に挑戦しよう！　⏱目標時間2分30秒

次の1〜3の（　　）に入れるのに適するものを記号で答えよ。

1. The flight I was（　　）to take was canceled due to a hurricane. （法政大）
   ア. caught　　イ. happened　ウ. ought　　エ. supposed
2. The journalist refused to（　　）the source of the information. （日本大）
   ア. appear　　イ. identify　ウ. succeed　　エ. understand
3. If you want to keep yourself in good（　　）, you need to exercise every day. （学習院大）
   ア. appearance　イ. body　　ウ. image　　エ. shape

Section 3-3

単語番号 201 〜 300

Step 1 　見出し語の意味とアクセントを確認しよう！

⏱ 目標時間 2 分

① 次の単語の意味をア〜エから選べ。

1. publish 　　ア. 出版する　　イ. 読む　　　　ウ. 供給する　　エ. 禁止する

2. advance 　　ア. 下がる　　　イ. 前進する　　ウ. 認める　　　エ. 探検する

3. suffer 　　　ア. 回復する　　イ. 苦しむ　　　ウ. 褒める　　　エ. しかる

4. variety 　　　ア. 独自性　　　イ. 機能　　　　ウ. 多様　　　　エ. 実践

5. structure 　　ア. 講義　　　　イ. 工事　　　　ウ. 構造　　　　エ. 強度

6. death 　　　ア. 死　　　　　イ. 誕生　　　　ウ. 天　　　　　エ. 地

7. generation 　ア. 世代　　　　イ. 時期　　　　ウ. 傾向　　　　エ. 時間

8. blank 　　　ア. みじめな　　イ. 鋭い　　　　ウ. 自由な　　　エ. 空白の

9. eventually 　ア. 結局　　　　イ. 最初から　　ウ. 一般的に　　エ. 本質的に

② 次の日本語の意味を表す語をア〜ケから選べ。

1. 真剣な　　　2. 機能　　　　3. 広がる　　　4. 役に立つ　　　5. 選び取る

6. 恐れて　　　7. 形　　　　　8. 水準　　　　9. 低い

ア. serve　　　イ. pick　　　ウ. spread　　エ. standard　オ. shape

カ. function　キ. serious　ク. afraid　　ケ. low

③ 次の語の最も強く読まれる箇所を答えよ。

1. de-sign　　　　　2. per-form　　　　　3. fea-ture
　　ア　イ　　　　　　　ア　イ　　　　　　　　ア　イ

4. move-ment　　　5. re-cent
　　ア　　イ　　　　　ア　イ

Step 2 　さらなる語い力アップを目指そう！

⏱ 目標時間 1 分

① 次の語と類似する意味を持つ語をア〜エから選べ。

1. degree　　2. emotion　　3. temperature　4. altogether

ア. feeling　　イ. extent　　ウ. completely　エ. fever

② 次の語の形容詞形を答えよ。ただし -ed 形，-ing 形は除く。

1. respect　2. prefer　3. depend　4. waste　5. influence

Step 3　例文で見出し語の用法を押さえよう！　⊗ 目標時間 4 分

次の各文の（　　）に適する語をア〜クから選び，全文を和訳せよ。

1. He (　　　) on her suggestion.
2. They discussed a wide (　　　) of issues.
3. I'll do the (　　　) of my work tomorrow.
4. He shows his true (　　　) to very few people.
5. He had a sharp (　　　) in his stomach.
6. There were many people (　　　) at her funeral.
7. I like reading the myths of (　　　) Greece.
8. Parents need to be (　　　) with their teenage children.

ア. ancient　　　イ. character　　　ウ. patient　　　エ. pain
オ. range　　　　カ. acted　　　　キ. present　　　ク. rest

Challenge　入試問題に挑戦しよう！　⊗ 目標時間 2 分 30 秒

次の 1 〜 3 の（　　）に入れるのに適するものを記号で答えよ。

1. The chairperson briefly (　　　) the agenda for tomorrow's meeting.　　　　（駒澤大）
   ア. talked　　　イ. insisted　　　ウ. mentioned　エ. spoke
2. We (　　　) her as the best violinist in Japan.　　　（神戸学院大）
   ア. regard　　　イ. feel　　　ウ. try　　　エ. relieve
3. Although global oil use is still climbing worldwide, in a growing number of industrial countries oil use has peaked and begun to (　　　).　　　（中央大）
   ア. decline　　　イ. descent　　　ウ. raise　　　エ. rise

Section 4-1

単語番号 301 〜 400

Step 1　見出し語の意味とアクセントを確認しよう！

◎ 目標時間 2 分

① 次の単語の意味をア〜エから選べ。

1. guess　　ア. 思う　　　　イ. 尋ねる　　　ウ. 訂正する　　エ. 予約する
2. match　　ア. 調和する　　イ. 協力する　　ウ. 打ち負かす　エ. 保護する
3. attend　　ア. 出席する　　イ. 議論する　　ウ. 避ける　　　エ. 観察する
4. smell　　ア. 味がする　　イ. においがする ウ. 聞こえる　　エ. 感じがする
5. replace　　ア. 送付する　　イ. 取り替える　ウ. 象徴する　　エ. 反射する
6. site　　　ア. 場所　　　　イ. 実験　　　　ウ. 視界　　　　エ. 用途
7. resource　ア. 情報　　　　イ. 文明　　　　ウ. 資源　　　　エ. 社会
8. crime　　ア. 犯罪　　　　イ. 市民　　　　ウ. 暴力　　　　エ. 事実
9. moral　　ア. 紛らわしい　イ. 法的な　　　ウ. 拘束力のある エ. 道徳の

② 次の日本語の意味を表す語をア〜ケから選べ。

1. 国民　　　2. 都市の　　　3. 示す　　　4. 段階　　　5. 料金
6. 困難　　　7. 姿を消す　　8. 加わる　　9. 部分

ア. indicate　イ. join　　　ウ. urban　　エ. disappear　オ. citizen
カ. charge　　キ. section　ク. stage　　ケ. difficulty

③ 次の語の最も強く読まれる箇所を答えよ。

1. man-age　　　　2. sep-a-rate　　　3. as-pect
　　ア　イ　　　　　　ア　イ　ウ　　　　　ア　イ

4. con-tent〔形容詞〕　5. in-tel-lec-tu-al
　　ア　イ　　　　　　　ア　イ　ウ　エ　オ

Step 2　さらなる語い力アップを目指そう！

◎ 目標時間 1 分

① 次の語と類似する意味を持つ語をア〜エから選べ。

1. sort　　　2. smart　　　3. nearly　　　4. seldom
ア. kind　　イ. rarely　　ウ. clever　　エ. almost

② 次の語の名詞形を答えよ。ただし人を表す語・同じつづりの語は除く。

1. assume 2. maintain 3. remove 4. intelligent 5. essential

Step 3　例文で見出し語の用法を押さえよう！　🕐 目標時間 4 分

次の各文の（　）に適する語をア～クから選び，全文を和訳せよ。

1. He is attempting to (　　　) the two parties.
2. Her (　　) language is Korean, but she speaks perfect Japanese.
3. Climate change has a (　　) effect on water supply.
4. The two villages are 30 miles (　　).
5. Most people (　　) hamburgers with American food.
6. The festival (　　) over 40,000 visitors.
7. He (　　) in making a huge fortune.
8. My grandfather (　　) the two wars.

ア. native　　イ. attracted　　ウ. apart　　エ. survived

オ. associate　　カ. unite　　キ. succeeded　　ク. direct

Challenge　入試問題に挑戦しよう！　🕐 目標時間 2 分 30 秒

次の 1 ～ 3 の（　）に入れるのに適するものを記号で答えよ。

1. If you (　　) something that has been out of sight, you uncover it so that people can see it.　　　　　　　　　（専修大）
   ア. realize　　イ. remind　　ウ. reveal　　エ. remove
2. A: Do you have time to meet tomorrow?
   B: Unfortunately I am very busy tomorrow. I do not have even a (　　) to spare.　　　　　　　　　　　　　　（法政大）
   ア. chance　　イ. space　　ウ. plan　　エ. moment
3. It took her a very long time to (　　) herself to the new environment.　　　　　　　　　　　　　　　　　　　（日本大）
   ア. adjust　　イ. combine　　ウ. extract　　エ. transform

Step 1　見出し語の意味とアクセントを確認しよう！　🕐 目標時間 2 分

① 次の単語の意味をア〜エから選べ。

1.	respond	ア. 応答する	イ. 返却する	ウ. 発表する	エ. 贈答する
2.	seek	ア. 答える	イ. 探し求める	ウ. 預ける	エ. 握る
3.	earn	ア. 稼ぐ	イ. 寄付する	ウ. 提示する	エ. 戻す
4.	adapt	ア. 順応する	イ. 応募する	ウ. 提案する	エ. 不満を言う
5.	remove	ア. 確かめる	イ. 指摘する	ウ. 取り去る	エ. 隠す
6.	diet	ア. 運動	イ. 健康	ウ. 食事	エ. 美容
7.	survey	ア. 季節	イ. 調査	ウ. 環境	エ. 生存者
8.	rural	ア. 都会の	イ. 地域の	ウ. 組織の	エ. 田園の
9.	fair	ア. 公正な	イ. 明らかな	ウ. 平坦な	エ. 全体的な

② 次の日本語の意味を表す語をア〜ケから選べ。

1. 関連　　2. 返事を出す　3. 調節する　4. 困難　　5. 引きつける

6. 品目　　7. 作物　　　8. 推定する　9. 10 億

ア. reply　　イ. attract　　ウ. adjust　　エ. estimate　オ. billion

カ. item　　キ. crop　　　ク. link　　　ケ. trouble

③ 次の語の最も強く読まれる箇所を答えよ。

1. sur-vive　　　　2. ca-reer　　　　3. con-trast〔名詞〕
　　ア　イ　　　　　　ア　イ　　　　　　　ア　　イ

4. sur-face　　　　5. in-i-tial
　　ア　イ　　　　　　ア　イ　ウ

Step 2　さらなる語い力アップを目指そう！　🕐 目標時間 1 分

① 次の語と類似する意味を持つ語をア〜エから選べ。

1. instance　　2. entire　　　3. merely　　　4. lately

ア. recently　　イ. only　　　ウ. example　　エ. whole

② 次の語の名詞形を答えよ。ただし人を表す語は除く。

1. associate　2. succeed　3. satisfy　4. observe　5. equal

Step 3　例文で見出し語の用法を押さえよう！　⊘ 目標時間4分

次の各文の（　）に適する語をア～クから選び，全文を和訳せよ。

1. I（　　　）she is in her early seventies.
2. The police（　　　）to arrest the shooting suspect.
3. I was impressed with the hospitality of the（　　　）people.
4. I've decided to（　　　）in a campaign for funds.
5. English-language education（　　　）international understanding.
6. I like this soap because it（　　　）good.
7. I'd like to（　　　）this sweater for one in a larger size.
8. Many forms of transportation（　　　）carbon dioxide.

ア. engage　　イ. promotes　　ウ. exchange　　エ. guess
オ. local　　カ. attempted　　キ. smells　　ク. release

Challenge　入試問題に挑戦しよう！　⊘ 目標時間2分30秒

次の1～3の（　）に入れるのに適するものを記号で答えよ。

1. 船と乗組員を任されている人のことを船長と呼ぶ。
   The person in（　　　）of a ship and its crew is called a captain.　（成城大）
   ア. charge　　イ. business　　ウ. relation　　エ. group
2. We couldn't have（　　　）to finish in time without you.　（日本大）
   ア. affected　　イ. depended　　ウ. emerged　　エ. managed
3. I（　　　）watch television nowadays, but instead spend a lot of time looking at the Internet.　（名城大）
   ア. always　　イ. seldom　　ウ. nearly　　エ. mostly

Step 1　見出し語の意味とアクセントを確認しよう！　⏱ 目標時間 2 分

① 次の単語の意味をア〜エから選べ。

1.	unite	ア. 論じる	イ. 結合する	ウ. 伝達する	エ. 導入する
2.	marry	ア. 結婚する	イ. 心配する	ウ. 別れる	エ. 安心させる
3.	feed	ア. 食べ物を与える	イ. 祝福する	ウ. 選択する	エ. 反対する
4.	adopt	ア. 把握する	イ. 採用する	ウ. 取り消す	エ. 変える
5.	arise	ア. 解決する	イ. 紹介する	ウ. 生じる	エ. 賛成する
6.	source	ア. 調味料	イ. 源	ウ. 機関	エ. 報道
7.	device	ア. 装置	イ. 材料	ウ. 組織	エ. 美徳
8.	potential	ア. 外見的な	イ. 一方的な	ウ. 潜在的な	エ. 民族的な
9.	terrible	ア. 早い	イ. 美しい	ウ. 複雑な	エ. ひどい

② 次の日本語の意味を表す語をア〜ケから選べ。

1. 試みる　　2. 概念　　3. 現れる　　4. 請求書　　5. 襲う

6. 10 年間　　7. 交換する　　8. 規模　　9. たとえ何を…しても

ア. attempt　イ. attack　ウ. exchange　エ. emerge　オ. bill

カ. scale　キ. decade　ク. concept　ケ. whatever

③ 次の語の最も強く読まれる箇所を答えよ。

1. pro-mote　　　　2. in-come　　　　3. e-qual
　　ア　イ　　　　　　　ア　イ　　　　　　　ア　イ

4. at-ti-tude　　　　5. sig-nif-i-cant
　ア　イ　ウ　　　　　　ア　イ　ウ　エ

Step 2　さらなる語い力アップを目指そう！　⏱ 目標時間 1 分

① 次の語と反対の意味を持つ語をア〜エから選べ。

1. digital　　2. private　　3. urban　　4. release

ア. capture　イ. public　ウ. rural　エ. analog

② 次の語の形容詞形を答えよ。ただし -ed 形，-ing 形は除く。

1. desire　2. taste　3. access　4. habit　5. technique

Step 3　例文で見出し語の用法を押さえよう！　　⏱目標時間 4 分

次の各文の（　　）に適する語をア〜クから選び，全文を和訳せよ。

1. We （　　） the old worn carpet with a new one.
2. A recent survey （　　） that 80 percent of smokers wanted to quit.
3. A large number of （　　） were left on the train.
4. He didn't say anything for a （　　）.
5. The poverty of the local people is in （　　） to the wealth of the tourists.
6. We had （　　） finding the site for our new factory.
7. Why don't you （　　） our party tonight?
8. Some scientists believe that dolphins are as （　　） as human beings.

ア. revealed　　イ. difficulty　　ウ. moment　　エ. replaced
オ. intelligent　カ. join　　　　キ. items　　　ク. contrast

Challenge　入試問題に挑戦しよう！　　⏱目標時間 2 分 30 秒

次の 1 〜 3 の（　　）に入れるのに適するものを記号で答えよ。

1. Notwithstanding his busy schedule, the newly hired accountant （　　） in volunteer activities on weekends.
   ア. challenges　イ. engages　　ウ. pursues　　エ. relates （中央大）
2. Total sales are （　　） around three million yen.　（駒澤大）
   ア. absorbed in　　　　　イ. decided from
   ウ. estimated at　　　　　エ. looked in
3. If you are （　　） with something, you are happy because it is what you wanted or needed.　（駒澤大）
   ア. coping　　イ. faced　　ウ. satisfied　　エ. struggling

Step 1　見出し語の意味とアクセントを確認しよう！　　⏱ 目標時間2分

① 次の単語の意味をア～エから選べ。

1. reflect　　ア. 返信する　イ. 応答する　ウ. 反映する　エ. 共鳴する
2. examine　ア. 直す　　　イ. 修理する　ウ. 調べる　　エ. 発明する
3. vary　　　ア. 異なる　　イ. 急ぐ　　　ウ. 成長する　エ. 終わる
4. remind　　ア. 奪う　　　イ. 思い出させる ウ. 嫌がる　エ. 詳しく述べる
5. birth　　　ア. 出産　　　イ. 発売　　　ウ. 予定　　　エ. 状態
6. track　　　ア. 跡　　　　イ. 能力　　　ウ. 市場　　　エ. 貿易
7. labor　　　ア. 組合　　　イ. 業務　　　ウ. 役員　　　エ. 労働
8. extreme　ア. 無関心な　イ. 熱心な　　ウ. 不安な　　エ. 極端な
9. commercial ア. 事務的な　イ. 計画的な　ウ. 積極的な　エ. 商業的な

② 次の日本語の意味を表す語をア～ケから選べ。

1. 定義する　2. 区別する　3. 複雑な　　4. スタッフ　5. 拒絶する
6. 不平を言う 7. 元の　　　8. 信頼する　9. 連続

ア. trust　　　イ. complain ウ. former　エ. define　　オ. reject
カ. series　　　キ. staff　　ク. complex　ケ. distinguish

③ 次の語の最も強く読まれる箇所を答えよ。

1. re-call〔動詞〕　　2. dis-play　　　　3. de-bate
　 ア　イ　　　　　　　ア　イ　　　　　　　ア　イ

4. or-i-gin　　　　　5. i-de-al
　 ア　イ　ウ　　　　　ア　イ　ウ

Step 2　さらなる語い力アップを目指そう！　　⏱ 目標時間1分

① 次の語と類似する意味を持つ語をア～エから選べ。

1. gather　　　2. fix　　　　3. trend　　　4. aim
ア. repair　　　イ. tendency　ウ. purpose　　エ. collect

② 次の語の名詞形を答えよ。ただし人を表す語・同じつづりの語は除く。

1. predict　2. commit　3. divide　4. evolve　5. refuse

Step 3　例文で見出し語の用法を押さえよう！　　⏱ 目標時間 4 分

次の各文の（　　）に適する語をア～クから選び，全文を和訳せよ。

1. Our niece is still too young to travel (　　) alone.
2. This new type of engine (　　) much less energy.
3. Could you send me the file (　　) e-mail?
4. Wind power generation is clean, (　　) coal-fired power generation causes pollution.
5. He (　　) breaking the vase, but I think he did it.
6. The company struggled to avoid (　　) between management and labor.
7. Those two species share a common (　　).
8. I arrived late because of the heavy (　　).

ア. ancestor　　イ. via　　　　ウ. overseas　　エ. traffic

オ. denies　　　カ. whereas　　キ. consumes　　ク. conflict

Challenge　入試問題に挑戦しよう！　　⏱ 目標時間 2 分 30 秒

次の 1 ～ 3 の（　　）に入れるのに適するものを記号で答えよ。

1. It is common for people to judge other cultures using only knowledge (　　) through the media.　　（学習院大）
   ア. acquire　　イ. acquired　　ウ. acquires　　エ. acquiring
2. I smiled at the girl but she just (　　) me.　　（日本大）
   ア. committed　イ. displayed　ウ. composed　エ. ignored
3. (　　) his brother, John didn't go to university.　　（高崎経済大）
   ア. Unlike　　　　　　　イ. Beside
   ウ. Different from　　　エ. Regardless of

Section 5-2 単語番号 401 〜 500

Step 1 見出し語の意味とアクセントを確認しよう！ ⏱ 目標時間 2 分

① 次の単語の意味をア〜エから選べ。

1. doubt 　　ア. 疑わしいと思う　イ. 保証する　ウ. 見守る　エ. えさを与える
2. select 　　ア. 推薦する　イ. 選び出す　ウ. 支援する　エ. 助言する
3. expand 　　ア. 主張する　イ. 拡大する　ウ. 強奪する　エ. 発言する
4. struggle 　ア. 断片　イ. 訓練　ウ. 懸命の努力　エ. 環境
5. cell 　　　ア. 器官　イ. 細胞　ウ. 組織　エ. 血管
6. basis 　　ア. 統計　イ. 基準　ウ. 比較　エ. 応用
7. fun 　　　ア. 偽り　イ. 真実　ウ. 楽しみ　エ. 反発
8. primary 　ア. 強烈な　イ. 実験的な　ウ. 経験的な　エ. 最も重要な
9. chemical 　ア. 科学技術の　イ. 化学の　ウ. 物理的な　エ. 心理的な

② 次の日本語の意味を表す語をア〜ケから選べ。

1. 競う 　　2. 可動式の 　　3. 褒美 　　4. 観衆 　　5. 法律の
6. 背景 　　7. 卒業する 　　8. 身に付ける 　9. 約束する

ア. promise 　イ. acquire 　ウ. graduate 　エ. compete 　オ. audience
カ. mobile 　キ. reward 　ク. legal 　　ケ. background

③ 次の語の最も強く読まれる箇所を答えよ。

1. ap-pre-ci-ate 　　2. re-peat 　　　3. prin-ci-ple
　 ア イ ウ エ 　　　　ア イ 　　　　　ア イ ウ
4. con-text 　　　　5. ar-ti-fi-cial
　 ア イ 　　　　　　ア イ フィ エ

Step 2 さらなる語い力アップを目指そう！ ⏱ 目標時間 1 分

① 次の語と類似する意味を持つ語をア〜エから選べ。

1. hide 　　2. consequence 　　3. complicated 　4. obvious
ア. conceal 　イ. result 　　　ウ. clear 　　　エ. complex

② 次の語の名詞形を答えよ。ただし人を表す語は除く。

1. rely　2. judge　3. invent　4. confuse　5. scene

Step 3　例文で見出し語の用法を押さえよう！　⊗ 目標時間 4 分

次の各文の（　　）に適する語をア～クから選び，全文を和訳せよ。

1. When I saw the photos, I (　　) those happy days.
2. The teacher (　　) the students into four groups.
3. He (　　) to pay by cash.
4. The custom has its (　　) in ancient Rome.
5. Cars may display the social (　　) of the owner.
6. It is our civic (　　) to vote in elections.
7. The (　　) information spread quickly over the Internet.
8. They (　　) the problem independently.

ア. refused　　イ. duty　　ウ. divided　　エ. origin
オ. examined　　カ. false　　キ. recalled　　ク. status

Challenge　入試問題に挑戦しよう！　⊗ 目標時間 2 分 30 秒

次の1～3の（　　）に入れるのに適するものを記号で答えよ。

1. The price of used cars (　　) according to their condition.　　（日本大）
   ア. defines　　イ. expresses　　ウ. reminds　　エ. varies
2. Please (　　) me of the time five minutes before it is time to go.　　（名城大）
   ア. recall　　イ. leave　　ウ. remind　　エ. let
3. Some old video games are (　　) a lot of money nowadays, especially if they're in good condition.　　（学習院大）
   ア. cost　　イ. price　　ウ. value　　エ. worth

Part 1 これだけは覚えたい600語

Section 5-3

単語番号 401 〜 500

英単語ターゲット1400［5訂版］
p.116 〜 139

解答 別冊 p.16

Step 1　見出し語の意味とアクセントを確認しよう！

🕐 目標時間2分

① 次の単語の意味をア〜エから選べ。

1. warn 　　ア. 命令する 　イ. 反対する 　ウ. 警告する 　エ. 謝る
2. shift 　　ア. 変える 　イ. 述べる 　ウ. 作る 　エ. 批評する
3. consume 　ア. 消費する 　イ. 消化する 　ウ. 購読する 　エ. 販売する
4. strategy 　ア. 規律 　イ. 条件 　ウ. 実力 　エ. 戦略
5. traffic 　ア. 貨物 　イ. 航路 　ウ. 空間 　エ. 交通
6. duty 　　ア. 警告 　イ. 刑法 　ウ. 報告 　エ. 義務
7. crowd 　ア. 王冠 　イ. 事故 　ウ. 避難 　エ. 群衆
8. worth 　ア. 悪い 　イ. 貴重な 　ウ. 価値のある 　エ. 安価な
9. regular 　ア. 一時的な 　イ. 楽観的な 　ウ. 定期的な 　エ. 常識的な

② 次の日本語の意味を表す語をア〜ケから選べ。

1. 連続 　　2. 修理する 　3. 混ぜる 　4. 遺伝子 　5. 真っすぐな

6. 褒める 　7. 地位 　　8. 点をとる 　9. 生物の

ア. praise 　イ. score 　ウ. mix 　エ. repair 　オ. gene

カ. status 　キ. sequence 　ク. biological 　ケ. straight

③ 次の語の最も強く読まれる箇所を答えよ。

1. ig-nore 　　　2. con-flict〔名詞〕 　3. el-e-ment
　 ア イ 　　　　　ア イ 　　　　　　　ア イ ウ

4. al-ter-na-tive 　5. in-de-pen-dent
　 ア イ ウ エ 　　ア イ ウ エ

Step 2　さらなる語い力アップを目指そう！

🕐 目標時間1分

① 次の語と反対の意味を持つ語をア〜エから選べ。

1. deny 　　2. destroy 　　3. ancestor 　　4. false

ア. construct 　イ. admit 　ウ. true 　　エ. descendant

② 次の語の形容詞形を答えよ。ただし -ed 形，-ing 形は除く。

1. race　2. progress　3. volunteer　4. revolution　5. poverty

Step 3　例文で見出し語の用法を押さえよう！　⏱ 目標時間 4 分

次の各文の（　）に適する語をア〜クから選び，全文を和訳せよ。

1. They（　　　）*emoji* to make texting more enjoyable.
2. My company makes many kinds of（　　）products.
3. The（　　　）about the death penalty is heating up again.
4. My wife gave（　　　）to our first child last month.
5. The photographer followed the deer's（　　）into the woods.
6. There are people from diverse cultural（　　）living in this area.
7. Parents often give their children（　　）for getting high grades.
8. The accident was the（　　）of his careless driving.

ア. commercial　イ. birth　　　　ウ. consequence　エ. rewards
オ. tracks　　　カ. invented　　キ. debate　　　ク. backgrounds

Challenge　入試問題に挑戦しよう！　⏱ 目標時間 2 分 30 秒

次の 1, 2 の（　）に入れるのに適するものを記号で答えよ。

1. 選挙で極めて重要な決定をするという責任を，普通の人々に任せることができますか。
   Can ordinary people be（　　）with the responsibility of making critically important decisions in elections?　（中央大）
   ア. dictated　　イ. defied　　ウ. trusted　　エ. neglected
2. (to make something bigger の意味を持つ語)
   The company tried to（　　）their market into Asia.（近畿大）
   ア. adapt　　イ. expand　　ウ. improve　　エ. release

Section 6-1 単語番号 501 ～ 600

Step 1 見出し語の意味とアクセントを確認しよう！ 🔽 目標時間 2 分

① 次の単語の意味をア～エから選べ。

1. bore ア. 奮い立たせる イ. 退屈させる ウ. 正当化する エ. 無駄にする
2. combine ア. 照らし合わせる イ. 仲介する ウ. 慎重に検討する エ. 組み合わせる
3. strike ア. 壊す イ. 当たる ウ. 訴える エ. 反対する
4. press ア. 押す イ. 倒す ウ. 育てる エ. 放置する
5. steal ア. 盗む イ. 当てる ウ. はずす エ. 分け与える
6. resident ア. 家庭 イ. 賃借人 ウ. 管理者 エ. 居住者
7. threat ア. 悲しみ イ. 後悔 ウ. 恐れ エ. 絶望
8. capital ア. 代表 イ. 頂上 ウ. 財産 エ. 資本
9. quiet ア. 小さな イ. 無駄な ウ. 必要な エ. 静かな

② 次の日本語の意味を表す語をア～ケから選べ。

1. 資金　　　2. 魅了する　　3. 洪水　　　4. 出会う　　　5. 年配の
6. 狭い　　　7. 危機　　　　8. 流れる　　9. 驚くほどの

ア. fascinate イ. encounter ウ. flow エ. flood オ. crisis
カ. fund キ. amazing ク. elderly ケ. narrow

③ 次の語の最も強く読まれる箇所を答えよ。

1. im-ply
　　ア　イ
2. con-duct〔動詞〕
　　ア　　イ
3. de-lay
　　ア　イ

4. tra-di-tion
　　ア　イ　ウ
5. rap-id
　　ア　イ

Step 2 さらなる語い力アップを目指そう！ 🔽 目標時間 1 分

① 次の語と類似する意味を持つ語をア～エから選べ。

1. purchase 2. manner 3. aid 4. vision
ア. sight イ. buy ウ. help エ. way

② 次の語の名詞形を答えよ。ただし人を表す語は除く。

  1. perceive 2. conclude 3. behave 4. preserve 5. eager

Step 3 例文で見出し語の用法を押さえよう！ ⏱ 目標時間 4 分

次の各文の（   ）に適する語をア〜クから選び，全文を和訳せよ。

  1. (   ) effort enabled the team to win the championship.
  2. I often go fishing in a (   ) river.
  3. He gave a (   ) on the global economy.
  4. His music (   ) to the older generation.
  5. The company cannot (   ) to build a new factory.
  6. I want to learn how to (   ) the new software.
  7. We should approach the issue from a different (   ).
  8. I chose my words carefully so as not to (   ) her feelings.

ア. appeals   イ. afford   ウ. lecture   エ. nearby
オ. constant   カ. hurt   キ. perspective   ク. operate

Challenge 入試問題に挑戦しよう！ ⏱ 目標時間 2 分 30 秒

次の 1 〜 3 の（   ）に入れるのに適するものを記号で答えよ。

  1. There are many stars that are easy to (   ) with a telescope. （日本大）
    ア. approve   イ. recall   ウ. locate   エ. promote
  2. This is an interesting book with a lot of (   ) into human nature. （日本大）
    ア. opponents イ. insights ウ. physics エ. synonyms
  3. He is (   ) carrying out the experiments. （名城大）
    ア. able to   イ. capable of ウ. possible to エ. enabled of

Step 1　見出し語の意味とアクセントを確認しよう！　⏰ 目標時間 2 分

① 次の単語の意味をア～エから選べ。

1. belong　　ア. 参加する　イ. 起こる　ウ. 発展する　エ. 所属している
2. surround　ア. 越える　　イ. 抵抗する　ウ. 屈する　　エ. 囲む
3. bite　　　ア. 飲み込む　イ. 吠える　　ウ. 叫ぶ　　　エ. かみつく
4. burn　　　ア. 耕す　　　イ. 植える　　ウ. 伐採する　エ. 燃やす
5. escape　　ア. 逃れる　　イ. 訴える　　ウ. 反映する　エ. 主張する
6. cancer　　ア. 頭痛　　　イ. 胃炎　　　ウ. 癌　　　　エ. めまい
7. earthquake ア. 干ばつ　イ. 雪崩　　　ウ. 洪水　　　エ. 地震
8. talent　　ア. 努力　　　イ. 才能　　　ウ. 司会　　　エ. 演技
9. tough　　 ア. 好意的な　イ. 困難な　　ウ. 効率的な　エ. 唐突な

② 次の日本語の意味を表す語をア～ケから選べ。

1. 見えること　2. 痛める　　3. 心に訴える　4. とても小さな　5. 確固とした
6. 分析　　　　7. 冷静な　　8. 隣人　　　　9. バイリンガルの

ア. appeal　イ. hurt　　　ウ. neighbor　エ. sight　　　オ. analysis
カ. bilingual　キ. calm　　ク. firm　　　ケ. tiny

③ 次の語の最も強く読まれる箇所を答えよ。

1. dem-on-strate　　2. lo-cate　　　　3. fu-el
　　ア　イ　ウ　　　　　ア　イ　　　　　　ア　イ

4. in-sight　　　　　5. im-me-di-ate
　ア　イ　　　　　　　ア　イ　ウ　エ

Step 2　さらなる語い力アップを目指そう！　⏰ 目標時間 1 分

① 次の語の形容詞形を答えよ。ただし -ed 形，-ing 形は除く。

1. electricity　2. wealth　3. profit　4. capacity　5. symbol

② 次の語の名詞形を答えよ。ただし人を表す語は除く。

   1. distant   2. invite   3. operate   4. willing   5. recommend

Step 3   例文で見出し語の用法を押さえよう！   目標時間 4 分

次の各文の（　　）に適する語をア〜クから選び，全文を和訳せよ。

1. Today's lecture （　　） me.
2. The president （　　） that he would seek a second term.
3. They （　　） research to learn more about the phenomenon.
4. We will （　　） a reception for new members.
5. She （　　） a polar bear during the exploration.
6. He （　　） to his original plan.
7. Suddenly, he （　　） the document into pieces.
8. The river （　　） through our town into the ocean.

ア. tore   イ. conducted   ウ. stuck   エ. flows
オ. announced   カ. host   キ. encountered ク. bored

Challenge   入試問題に挑戦しよう！   目標時間 2 分 30 秒

次の 1 〜 3 の（　　）に入れるのに適するものを記号で答えよ。3 は両方の空所
に入る語を選べ。

1. A: Did you remember to bring a pen?
   B: No, I forgot. May I （　　） one from you?   （法政大）
   ア. borrow   イ. lend   ウ. give   エ. donate
2. A （　　） is a very bad accident such as a plane crash, especially one in which a lot of people are killed.   （専修大）
   ア. murder   イ. disaster   ウ. violence   エ. conflict
3. There was a （　　） stream of visitors to the hall.
   Amelia lived in （　　） fear of being attacked.   （専修大）
   ア. clear   イ. constant   ウ. open   エ. serious

Step 1　見出し語の意味とアクセントを確認しよう！　🕐 目標時間 2 分

① 次の単語の意味をア～エから選べ。

1.	organize	ア. 操作する	イ. 主催する	ウ. 観察する	エ. 挨拶する
2.	explore	ア. 発見する	イ. 試す	ウ. 探検する	エ. 育てる
3.	tear	ア. 縫う	イ. 引き裂く	ウ. 修理する	エ. 折る
4.	borrow	ア. 入手する	イ. 尋ねる	ウ. 借りる	エ. 預ける
5.	household	ア. 家屋	イ. 台所	ウ. 環境	エ. 世帯
6.	plague	ア. 疫病	イ. 健康	ウ. 毒素	エ. 傷跡
7.	victim	ア. 容疑者	イ. 加害者	ウ. 目撃者	エ. 被害者
8.	literature	ア. 文学	イ. 教育	ウ. 文明	エ. 持論
9.	broad	ア. 強力な	イ. 局所的な	ウ. 広範囲な	エ. 活発な

② 次の日本語の意味を表す語をア～ケから選べ。

1. 援助する　　2. …版　　　3. 主催する　　4. 広大な　　5. いとわない

6. 学者　　　　7. ハンドル　8. 高齢者の　　9. 取り組む

ア. host　　　イ. aid　　　ウ. wheel　　エ. scholar　　オ. version

カ. willing　　キ. senior　　ク. vast　　　ケ. address

③ 次の語の最も強く読まれる箇所を答えよ。

1. ef-fi-cient　　　　2. ve-hi-cle　　　　3. pol-lu-tion
　　ア イ ウ　　　　　　ア イ ウ　　　　　　　ア イ ウ

4. se-vere　　　　　5. e-nor-mous
　ア イ　　　　　　　ア イ ウ

Step 2　さらなる語い力アップを目指そう！　🕐 目標時間 1 分

① 次の語の名詞形を答えよ。ただし人を表す語は除く。

1. disappoint　2. announce　3. advertise　4. deliver　5. participate

② 次の語の形容詞形を答えよ。ただし -ed 形，-ing 形は除く。

1. afford　2. stick　3. crisis　4. disaster　5. atmosphere

Step 3　例文で見出し語の用法を押さえよう！　⏱ 目標時間4分

次の各文の（　　）に適する語をア〜クから選び，全文を和訳せよ。

1. I can't afford to （　　） such an expensive car.
2. I put the coins in the slot, and （　　） the button.
3. Sometimes, a good （　　） becomes a good friend.
4. Trains are facing major （　　） after the accident.
5. It is said that smoking is a major cause of lung （　　）.
6. He was unhappy in spite of his great （　　）.
7. We drove carefully through the （　　） street.
8. The doctor （　　） that his patients do light exercise every day.

ア. delays　　イ. wealth　　ウ. cancer　　エ. purchase
オ. narrow　　カ. neighbor　キ. pressed　　ク. recommended

Challenge　入試問題に挑戦しよう！　⏱ 目標時間2分30秒

次の1〜3の（　　）に入れるのに適するものを記号で答えよ。

1. A special mixture of chemicals is used to （　　） the bones and prevent further damage.　　(岐阜大)
　　ア. perish　　イ. preface　　ウ. preserve　　エ. prolong
2. If you are （　　） to do or have something, you want to do or have it very much.　　(専修大)
　　ア. upset　　イ. afraid　　ウ. reluctant　　エ. eager
3. My mother didn't like the steak because it was too （　　）.
　　　　　　(名城大)
　　ア. rough　　イ. solid　　ウ. strong　　エ. tough

Part 2

さらに実力を伸ばす

500語

Section 7	**46**
Section 8	**52**
Section 9	**58**
Section 10	**64**
Section 11	**70**

Section 7-1　単語番号 601 〜 700

Step 1　見出し語の意味とアクセントを確認しよう！　⏱ 目標時間 2 分

① 次の単語の意味をア〜エから選べ。

1.	persuade	ア. 勧める	イ. 誘う	ウ. 説得する	エ. 受け入れる
2.	alter	ア. 褒める	イ. 変える	ウ. 尊敬する	エ. 見下す
3.	extend	ア. 延長する	イ. 改善する	ウ. 省略する	エ. 縮小する
4.	laboratory	ア. 農場	イ. 土地	ウ. 研究室	エ. 校庭
5.	landscape	ア. 土地	イ. 記憶	ウ. 風景	エ. 故郷
6.	custom	ア. 意見	イ. 慣習	ウ. 発見	エ. 通貨
7.	occasion	ア. 総会	イ. 意見	ウ. 議論	エ. 場合
8.	instruction	ア. 指示	イ. 原稿	ウ. 伝導	エ. 解答
9.	odd	ア. 奇遇な	イ. 巧妙な	ウ. 詳細な	エ. 奇妙な

② 次の日本語の意味を表す語をア〜ケから選べ。

1. 知らせる　2. 提案する　3. 信用　　4. 結び付ける　5. 多様性
6. 裁判　　　7. 移住　　　8. 秀でている　9. 多数の

ア. propose　イ. inform　ウ. tie　　エ. numerous　オ. diversity
カ. trial　　キ. credit　ク. excellent　ケ. immigration

③ 次の語の最も強く読まれる箇所を答えよ。

1. con-sist　　　　2. trans-form〔動詞〕3. ag-ri-cul-ture
　　ア　イ　　　　　　　　ア　　イ　　　　　ア　イ　ウ　エ

4. u-ni-verse　　　5. in-stru-ment
　ア　イ　ウ　　　　　ア　　イ　　ウ

Step 2　さらなる語い力アップを目指そう！　⏱ 目標時間 1 分

① 次の語と類似する意味を持つ語をア〜エから選べ。

1. obtain　　　2. hire　　　3. gender　　　4. sufficient
ア. employ　　イ. sex　　　ウ. get　　　　エ. enough

② 次の語の名詞形を答えよ。ただし人を表す語・同じつづりの語は除く。

1. insist 2. anxious 3. hate 4. expose 5. emphasize

Step 3 例文で見出し語の用法を押さえよう！ 🕐 目標時間4分

次の各文の（   ）に適する語をア〜クから選び，全文を和訳せよ。

1. The （   ） situation is quite different from our expectation.
2. The President has decided to send （   ） forces to the region.
3. All of the committee members （   ） her proposal.
4. The eating trends have caused （   ） obesity.
5. Good teachers （   ） students to keep learning.
6. The political scandal affected the （   ） of the election.
7. Because of his success, he has gained a lot of （   ）.
8. These crops do not grow in poor （   ）.

ア. inspire   イ. widespread   ウ. outcome   エ. soil
オ. confidence   カ. actual   キ. favored   ク. military

Challenge 入試問題に挑戦しよう！ 🕐 目標時間2分30秒

次の１〜３の（   ）に入れるのに適するものを記号で答えよ。

1. (happening every year or once a year の意味を持つ語)
   The （   ） county fair will be held this weekend. (近畿大)
   ア. annual   イ. continual   ウ. habitual   エ. periodical
2. Judy was such a （   ） child that she got easily upset.
   (日本大)
   ア. brief   イ. constant   ウ. painful   エ. sensitive
3. She seems to have （   ） at a new company in Tokyo.
   (駒澤大)
   ア. catering for   イ. kept by
   ウ. looked down   エ. settled in

Step 1　見出し語の意味とアクセントを確認しよう！

⏱ 目標時間2分

① 次の単語の意味をア〜エから選べ。

1.	excuse	ア. 早退する	イ. 大目に見る	ウ. 謝罪する	エ. 反論する
2.	grant	ア. 受け取る	イ. 与える	ウ. 分け合う	エ. 要求する
3.	construct	ア. 建設する	イ. 壊す	ウ. 設計する	エ. 侵害する
4.	employ	ア. 計画する	イ. 解雇する	ウ. 雇用する	エ. 開発する
5.	mass	ア. 媒体	イ. 役人	ウ. 大衆	エ. 消費者
6.	civilization	ア. 文明	イ. 市民	ウ. 教育	エ. 啓蒙活動
7.	campaign	ア. 支援	イ. 運動	ウ. 格差	エ. 価値
8.	target	ア. 計画	イ. 実績	ウ. 仮定	エ. 目標
9.	elementary	ア. 初等の	イ. 同等の	ウ. 高等の	エ. 最上位の

② 次の日本語の意味を表す語をア〜ケから選べ。

1. 納得させる　2. 委員会　3. 貢献する　4. 眠って　5. 処理する

6. 土壌　7. 賢明な　8. 書類　9. 意見が合わない

ア. convince　イ. handle　ウ. disagree　エ. soil　　オ. board

カ. document　キ. asleep　ク. sensible　ケ. contribute

③ 次の語の最も強く読まれる箇所を答えよ。

1. in-ter-pret
　　ア　イ　ウ
2. an-nu-al
　　ア　イ　ウ
3. cir-cum-stance
　　ア　　イ　　ウ

4. re-view
　　ア　イ
5. con-fi-dence
　　ア　イ　ウ

Step 2　さらなる語い力アップを目指そう！

⏱ 目標時間1分

① 次の語と類似する意味を持つ語をア〜エから選べ。

1. alter　　2. era　　3. outcome　　4. contemporary

ア. modern　イ. change　ウ. period　エ. result

② 次の語の名詞形を答えよ。ただし人を表す語は除く。

1. intend 2. arrange 3. absorb 4. conscious 5. sensitive

Step 3　例文で見出し語の用法を押さえよう！
目標時間 4 分

次の各文の（　　）に適する語をア〜クから選び，全文を和訳せよ。

1. He was ordered to appear in (　　　　).
2. I (　　　　) my parents to let me study abroad.
3. People in the region speak (　　　　) languages.
4. They severely (　　　　) me for the mistake.
5. I firmly (　　　　) the import of genetically modified foods.
6. Last week's snow (　　　　) the city into a different world.
7. It is believed that the Polynesians (　　　　) in Hawaii long ago.
8. The new car (　　　　) greatly in design from the previous model.

ア. oppose　　イ. transformed ウ. differs　　エ. multiple
オ. settled　　カ. court　　　キ. persuaded　ク. criticized

Challenge　入試問題に挑戦しよう！
目標時間 2 分 30 秒

次の 1 〜 3 の（　　）に入れるのに適するものを記号で答えよ。

1. The talks broke down, with each side (　　　) the other for failing to negotiate in good faith. （中央大）
   ア. blamed　　イ. blaming　　ウ. complained エ. complaining
2. In order to save the boy, the rescue team had to (　　　) a rope across a swollen river. （日本大）
   ア. exceed　　イ. extend　　ウ. exhaust　　エ. expire
3. Though we planned to finish the project by Friday, we (　　　) that we won't be able to do so. （東洋大）
   ア. afraid　　イ. annoy　　ウ. regret　　エ. sorrow

Step 1 見出し語の意味とアクセントを確認しよう！ ⏱ 目標時間 2 分

① 次の単語の意味をア〜エから選べ。

1. translate　　ア. 検査する　　イ. 訂正する　　ウ. 翻訳する　　エ. 提出する
2. interact　　　ア. 交差する　　イ. 相互に作用する　ウ. 対峙する　　エ. 考慮する
3. dislike　　　 ア. 嫌う　　　　イ. 好む　　　　ウ. 除く　　　　エ. 加える
4. root　　　　　ア. 起源　　　　イ. 交易　　　　ウ. 文明　　　　エ. 定住
5. quarter　　　 ア. 半分　　　　イ. 全体　　　　ウ. 部分　　　　エ. 4 分の 1
6. trait　　　　 ア. 孤立　　　　イ. 周囲の環境　ウ. 特性　　　　エ. 例外
7. court　　　　 ア. 管理　　　　イ. 利権　　　　ウ. 法廷　　　　エ. 調停
8. wage　　　　　ア. 手数料　　　イ. 賃金　　　　ウ. 小切手　　　エ. 預金
9. virtual　　　 ア. 現実の　　　イ. 仮想の　　　ウ. 視覚の　　　エ. 透明の

② 次の日本語の意味を表す語をア〜ケから選べ。

1. 得る　　　 2. 非難する　 3. 暴力的な　 4. 鉱山　　　 5. 似ている
6. 施設　　　 7. 第 1 の　　 8. 筋肉　　　 9. 呼吸する

ア. criticize　イ. obtain　　ウ. breathe　エ. mine　　オ. facility
カ. muscle　　キ. alike　　　ク. violent　　ケ. chief

③ 次の語の最も強く読まれる箇所を答えよ。

1. con-cen-trate　　2. dif-fer　　　　　　3. phe-nom-e-non
　　ア　イ　ウ　　　　　ア　イ　　　　　　　ア　イ　ウ　エ

4. con-struct〔動詞〕　5. nu-cle-ar
　　ア　イ　　　　　　　ア　イ　ウ

Step 2 さらなる語い力アップを目指そう！ ⏱ 目標時間 1 分

① 次の語と反対の意味を持つ語をア〜エから選べ。

1. admit　　　2. oppose　　3. alive　　　4. empty
ア. support　　イ. dead　　　ウ. deny　　　エ. full

② 次の語の形容詞形を答えよ。ただし -ed 形，-ing 形は除く。

1. favor 2. consist 3. suit 4. tribe 5. religion

Step 3　例文で見出し語の用法を押さえよう！　　　⏰ 目標時間 4 分

次の各文の（　　）に適する語をア〜クから選び，全文を和訳せよ。

1. His teacher (　　) him for neglecting his homework.
2. You have to (　　) the data with care.
3. He (　　) his horse to a tree.
4. I (　　) saying such a rude thing to him.
5. The audience was (　　) in her music.
6. The President wants to regulate (　　).
7. We have discussed the matter on several (　　).
8. She was offered a seat on the (　　).

ア. immigration　イ. board　　　ウ. blamed　　　エ. absorbed
オ. occasions　　カ. regret　　　キ. handle　　　ク. tied

Challenge　入試問題に挑戦しよう！　　　⏰ 目標時間 2 分 30 秒

1 は和文に合うように（　　）内の語を並べ替えよ。ただし，語群には不要な語が一つある。2, 3 は（　　）に入れるのに適するものを記号で答えよ。

1. 私の留守中に起こったことはなんでも知らせてください。
   Please (of / me / keep / informed / tell / whatever)
   happens during my absence.　　　　　　　　　　　（成蹊大）

2. There is enough evidence to show that walking or cycling
   to work (　　) people to less air pollution than driving.
   　　　　　　　　　　　　　　　　　　　　　　　（学習院大）

   ア. detects　　イ. exposes　　ウ. reveals　　エ. uncovers

3. Not only talent but also hard work (　　) his success in
   business.　　　　　　　　　　　　　　　　　　　（名城大）
   ア. contributed to　　　　　イ. took in
   ウ. applied for　　　　　　エ. gave way

Step 1　見出し語の意味とアクセントを確認しよう！　⏰ 目標時間 2 分

① 次の単語の意味をア～エから選べ。

1.	bother	ア. 遅らせる	イ. 否定する	ウ. 困らせる	エ. 怒らせる
2.	freeze	ア. 流れる	イ. 乾く	ウ. 凍る	エ. 溶ける
3.	blow	ア. 伸ばす	イ. 浮かべる	ウ. 吹く	エ. 成長する
4.	infant	ア. 大人	イ. 老人	ウ. 胎児	エ. 乳児
5.	enemy	ア. 敵	イ. 味方	ウ. 軍隊	エ. 民衆
6.	psychology	ア. 物理学	イ. 心理学	ウ. 人類学	エ. 医学
7.	union	ア. 組合	イ. 書記	ウ. 議長	エ. 会員
8.	strict	ア. 親しい	イ. 厳しい	ウ. 難しい	エ. 優しい
9.	thick	ア. 分厚い	イ. もろい	ウ. 薄い	エ. 頑丈な

② 次の日本語の意味を表す語をア～ケから選べ。

1. へり；刃　　2. 境界線　　3. 戦闘　　4. うつ病　　5. 単位

6. 捕らえる　　7. 禁じる　　8. つづる　　9. やめる

ア. spell　　イ. quit　　ウ. forbid　　エ. capture　　オ. battle

カ. border　　キ. edge　　ク. unit　　ケ. depression

③ 次の語の最も強く読まれる箇所を答えよ。

1. il-lus-trate　　　　2. o-ver-come　　　　3. ex-port〔動詞〕
　　ア　イ　ウ　　　　　　ア　イ　ウ　　　　　　　ア　イ

4. man-u-fac-ture　　5. po-lite
　　ア　イ　ウ　エ　　　　ア　イ

Step 2　さらなる語い力アップを目指そう！　⏰ 目標時間 1 分

① 次の語と類似する意味を持つ語をア～エから選べ。

1. brief　　　　2. injure　　　　3. prohibit　　　　4. stare

ア. gaze　　　　イ. wound　　　　ウ. ban　　　　エ. short

② 次の語の名詞形を答えよ。ただし人を表す語は除く。

　　1. confirm　2. discourage　3. recover　4. react　5. comfortable

Step 3　例文で見出し語の用法を押さえよう！　🕐 目標時間4分

次の各文の（　　）に適する語をア〜クから選び，全文を和訳せよ。

　　1. We can be （　　） about working hours in our office.
　　2. Humans are the only animals that are capable of （　　） thought.
　　3. I have （　　） confidence in our teammates.
　　4. Mail carriers deliver the mail every day （　　） of the weather.
　　5. Scientists discovered a dinosaur （　　） in the woods.
　　6. We had difficulty overcoming the language （　　）.
　　7. These websites will do young people great （　　）.
　　8. The item you ordered is temporarily out of （　　）.

　　ア. harm　　　　イ. fossil　　　　ウ. absolute　　　エ. regardless
　　オ. barrier　　　カ. abstract　　　キ. flexible　　　ク. stock

Challenge　入試問題に挑戦しよう！　🕐 目標時間2分30秒

次の1〜3の（　　）に入れるのに適するものを記号で答えよ。

　　1. There is growing concern about power （　　） in Japan this summer.　　　　　　　　　　　　　　　　　　　　（日本大）
　　　　ア. results　　イ. shortages　　ウ. estimates　　エ. opportunities
　　2. The economic benefits of （　　） weather forecasts are much bigger than most people think.　　　　　　　　（日本大）
　　　　ア. accurate　　イ. anxious　　ウ. steady　　エ. tropical
　　3. The dog had been （　　） by its owner, so we decided to give it a home.　　　　　　　　　　　　　　　　　　（武蔵大）
　　　　ア. abandoned　イ. adopted　　ウ. fed　　　　エ. named

Section 8-2 単語番号 701 ～ 800

Step 1 見出し語の意味とアクセントを確認しよう！ ⏱ 目標時間 2 分

① 次の単語の意味をア～エから選べ。

1.	gaze	ア. 見つめる	イ. 聞き入る	ウ. 追う	エ. 味わう
2.	hang	ア. 引っ張る	イ. 打つ	ウ. 掛ける	エ. しまう
3.	breed	ア. 葬る	イ. 畳む	ウ. 呼吸する	エ. 繁殖させる
4.	organ	ア. 肝臓	イ. 骨格	ウ. 標本	エ. 臓器
5.	army	ア. 陸軍	イ. 海軍	ウ. 空軍	エ. 大砲
6.	disadvantage	ア. 前進	イ. 後退	ウ. 利点	エ. 不利
7.	stuff	ア. 持ち物	イ. 職員	ウ. 点検	エ. 応援
8.	frank	ア. 平坦な	イ. 率直な	ウ. 冷静な	エ. 偉大な
9.	thin	ア. 割れた	イ. 枯れた	ウ. やせた	エ. 太った

② 次の日本語の意味を表す語をア～ケから選べ。

1. 授与する　　2. 哺乳類　　3. 持ち上げる　4. 哲学　　　5. 怖がらせる

6. 貸付金　　　7. 材料　　　8. 兵器　　　　9. 好奇心の強い

ア. frighten　イ. award　　ウ. lift　　　エ. mammal　オ. weapon

カ. curious　　キ. loan　　　ク. material　ケ. philosophy

③ 次の語の最も強く読まれる箇所を答えよ。

1. up-set〔動詞〕　　　2. trans-fer〔動詞〕　　3. im-port〔動詞〕
　　ア　イ　　　　　　　　　　ア　　イ　　　　　　　　　ア　　イ

4. in-sect　　　　　5. pleas-ant
　　ア　イ　　　　　　　　ア　　イ

Step 2 さらなる語い力アップを目指そう！ ⏱ 目標時間 1 分

① 次の語と類似する意味を持つ語をア～エから選べ。

1. beat　　　　2. shortage　　3. accurate　　4. annoy
ア. lack　　　　イ. bother　　　ウ. exact　　　エ. defeat

② 次の語の名詞形を答えよ。ただし人を表す語は除く。

1. disturb 2. embarrass 3. invest 4. stable 5. aggressive

Step 3 例文で見出し語の用法を押さえよう！　　　🕐 目標時間4分

次の各文の（　　）に適する語をア～クから選び，全文を和訳せよ。

1. India（　　）cotton to China.
2. She（　　）her head and sighed.
3. She has a baby in her（　　）.
4. The fire（　　）went off, but no smoke or fire was seen.
5. The labor（　　）is likely to go on strike.
6. Cholesterol is a fatty（　　）found in blood.
7. I think there should be some kind of dress（　　）at school.
8. She speaks to her parents in a（　　）manner.

ア. substance　　イ. shook　　ウ. exports　　エ. polite
オ. union　　カ. arms　　キ. alarm　　ク. code

Challenge 入試問題に挑戦しよう！　　　🕐 目標時間2分30秒

1, 2は（　　）に入れるのに適するものを記号で答えよ。3は和文に合うように（　　）内の語を並べ替えよ。ただし，語群には不要な語が一つある。

1. The new rules at the museum（　　）visitors from smoking in the building. （法政大）
   ア. prohibited　イ. reduced　　ウ. disabled　　エ. controlled
2. My seat had been（　　）, but the airline gave it to someone else. （麗澤大）
   ア. adapted　　イ. permitted　　ウ. engaged　　エ. confirmed
3. エアコンのおかげで，私たちは仕事をしている間快適だった。
   The air conditioner（ during / worked / kept / we / us / while / comfortable ）. （福岡大）

Step 1 見出し語の意味とアクセントを確認しよう！ 🕐 目標時間 2 分

① 次の単語の意味をア～エから選べ。

1.	cure	ア. けがする	イ. 世話する	ウ. 襲う	エ. 治す
2.	stretch	ア. 伸ばす	イ. 縮める	ウ. 離れる	エ. 拡散させる
3.	ape	ア. 類人猿	イ. 海獣	ウ. 熱帯植物	エ. 細菌
4.	fossil	ア. 遺跡	イ. 遺産	ウ. 化石	エ. 原料
5.	navy	ア. 軍人	イ. 陸軍	ウ. 空軍	エ. 海軍
6.	budget	ア. 防衛	イ. 予算	ウ. 負担	エ. 担保
7.	code	ア. 範囲	イ. 規模	ウ. 限度	エ. 規範
8.	extraordinary	ア. 平凡な	イ. 優秀な	ウ. 正常な	エ. 並はずれた
9.	concrete	ア. 具体的な	イ. 抽象的な	ウ. 印象的な	エ. 写実的な

② 次の日本語の意味を表す語をア～ケから選べ。

1. 警報	2. 禁止する	3. 適切な	4. 割合	5. 当惑させる
6. 腕	7. 厳しい	8. 革新	9. 置く	

ア. puzzle	イ. ban	ウ. lay	エ. strict	オ. innovation
カ. alarm	キ. arm	ク. proper	ケ. proportion	

③ 次の語の最も強く読まれる箇所を答えよ。

1. stim-u-late   2. trans-port〔動詞〕   3. in-ves-ti-gate
   ア　イ　ウ　　　　　 ア　　イ　　　　　　 ア　イ　ウ　エ

4. bar-rier   5. con-tra-ry
   ア　イ　　　　 ア　イ　ウ

Step 2 さらなる語い力アップを目指そう！ 🕐 目標時間 1 分

① 次の語と類似する意味を持つ語（句）をア～エから選べ。

1. abandon	2. stock	3. exact	4. vital
ア. accurate	イ. essential	ウ. give up	エ. share

② 次の語の形容詞形を答えよ。ただし -ed 形，-ing 形は除く。

1. shake　2. harm　3. substance　4. mystery　5. prime

Step 3　例文で見出し語の用法を押さえよう！　⏱目標時間 4 分

次の各文の（　　）に適する語をア〜クから選び，全文を和訳せよ。

1. He (　　) the picture on the wall in his office.
2. You can read the article on the (　　).
3. The heart is one of the vital (　　).
4. He joined the (　　) and took part in the war.
5. Great stress can result in severe (　　).
6. The company supplies factories with raw (　　).
7. I only had a (　　) conversation with him.
8. The old man wore glasses with (　　) lenses.

ア. organs　　イ. army　　ウ. brief　　エ. thick
オ. depression　カ. web　　キ. materials　ク. hung

Challenge　入試問題に挑戦しよう！　⏱目標時間 2 分 30 秒

1 は（　　）に入れるのに適するものを記号で答えよ。2 は和文に合うように
（　　）内の語を並べ替えよ。ただし，語群には不要な語が一つある。

1. (the part around something that is furthest from the center の意味を持つ語)
   Keep back from the (　　) of the platform.　　　（近畿大）
   ア. border　　イ. boundary　　ウ. corner　　エ. edge
2. たしかに怠惰な習慣を打ち破るのは難しいが，不可能とまではいえない。
   A lazy habit is certainly difficult (but / can / do / overcome / to / you) hardly say it is impossible.　　（成蹊大）

Step 1 見出し語の意味とアクセントを確認しよう！

🕐 目標時間 2 分

① 次の単語の意味をア〜エから選べ。

1. launch ア. 始める イ. 留める ウ. 設定する エ. 募集する
2. accompany ア. 慣れる イ. 仲間になる ウ. 組織化する エ. 一緒に行く
3. owe ア. 貸す イ. 借りている ウ. 提供する エ. 寄付する
4. ingredient ア. 組織 イ. 材質 ウ. 材料 エ. 資料
5. debt ア. 口座 イ. 資金 ウ. 借金 エ. 調達
6. vote ア. 投票 イ. 取引 ウ. 孤立 エ. 選挙
7. notion ア. 課題 イ. 機会 ウ. 考え エ. 口論
8. fundamental ア. 基本の イ. 仮定の ウ. 決定的な エ. 明白な
9. permanent ア. 当分の イ. 一時的な ウ. 全体的な エ. 永続的な

② 次の日本語の意味を表す語をア〜ケから選べ。

1. 急ぐ　　2. 内科医　　3. 衝突する　　4. 認める　　5. 道
6. なまり　7. 危険にさらす　8. 対処する　9. 言葉による

ア. verbal　イ. endanger　ウ. hurry　エ. crash　オ. cope
カ. accent　キ. physician　ク. route　ケ. acknowledge

③ 次の語の最も強く読まれる箇所を答えよ。

1. pre-tend 　　　　2. im-press〔動詞〕　3. har-vest
　　ア　イ　　　　　　　ア　イ　　　　　　　　ア　イ

4. au-thor-i-ty 　　5. con-ven-tion-al
　ア　イ　ウ　エ　　　　ア　イ　ウ　エ

Step 2 さらなる語い力アップを目指そう！

🕐 目標時間 1 分

① 次の語と類似する意味を持つ語をア〜エから選べ。

1. permit　　2. admire　　3. devote　　4. theme
ア. subject　イ. dedicate　ウ. praise　エ. allow

② 次の語の名詞形を答えよ。ただし人を表す語は除く。

   1. suspect　2. pursue　3. secure　4. apologize　5. distinct

Step 3　例文で見出し語の用法を押さえよう！　　🕐 目標時間 4 分

次の各文の（　　）に適する語をア～クから選び，全文を和訳せよ。

   1. I did a (　　) job during the summer vacation.
   2. I try to choose (　　) products when I shop.
   3. These animals will become (　　) if more is not done to protect them.
   4. Scientists must not use their knowledge for (　　) purposes.
   5. One of my professors (　　) me to apply to graduate school.
   6. That brand of beverage has (　　) the market.
   7. I'd like to (　　) a single room for two nights.
   8. Perhaps the new law will (　　) the trend.

   ア. urged　　　イ. temporary　　ウ. extinct　　エ. evil
   オ. dominated　カ. reserve　　　キ. reverse　　ク. domestic

Challenge　入試問題に挑戦しよう！　　🕐 目標時間 2 分 30 秒

次の 1 ～ 3 の（　　）に入れるのに適するものを記号で答えよ。

   1. His sister (　　) him some money.　　　　　　　　（名城大）
      ア. borrowed　イ. lent　　　　　ウ. received　　エ. rented
   2. The lawyer's task is to create a bridge of understanding between his (　　) and the jury.　　　　　　　（専修大）
      ア. client　　　イ. consultant　ウ. customer　　エ. guest
   3. No (　　) person should be persuaded by a hate speech like that.　　　　　　　　　　　　　　　　　　　（日本大）
      ア. rational　　イ. complete　　ウ. different　　エ. gradual

Step 1 見出し語の意味とアクセントを確認しよう！

⏱ 目標時間 2 分

① 次の単語の意味をア〜エから選べ。

		ア	イ	ウ	エ
1.	dig	ア. 埋める	イ. 捨てる	ウ. 掘る	エ. 植える
2.	assist	ア. 信頼する	イ. 手伝う	ウ. 保護する	エ. 管理する
3.	tongue	ア. ことわざ	イ. 言語	ウ. 文芸	エ. 伝承
4.	portion	ア. 中心	イ. 周辺	ウ. 全体	エ. 部分
5.	therapy	ア. 公衆衛生	イ. 能力	ウ. 療法	エ. 医療品
6.	corporation	ア. 産業	イ. 戦略	ウ. 企業	エ. 協力
7.	discipline	ア. 規律	イ. 条件	ウ. 約束	エ. 罰則
8.	principal	ア. 完全な	イ. 独特な	ウ. 主要な	エ. 活発な
9.	intense	ア. 緩い	イ. 激しい	ウ. まっすぐな	エ. でこぼこな

② 次の日本語の意味を表す語をア〜ケから選べ。

1. 目に見える　2. 目的地　　3. 賃借りする　4. 関係のある　5. 制限する

6. 予約する　　7. 埋める　　8. 緊急　　　　9. 大臣

ア. restrict　イ. reserve　ウ. visible　エ. bury　　オ. emergency

カ. rent　　　キ. minister　ク. relevant　ケ. destination

③ 次の語の最も強く読まれる箇所を答えよ。

1. cal-cu-late　　　2. cel-e-brate　　　3. con-tract〔名詞〕
　　ア　イ　ウ　　　　　　ア　イ　ウ　　　　　　　　ア　　イ

4. rou-tine　　　　5. e-quiv-a-lent
　　ア　イ　　　　　　ア　イ　ウ　エ

Step 2 さらなる語い力アップを目指そう！

⏱ 目標時間 1 分

① 次の語と類似する意味を持つ語をア〜エから選べ。

1. convey　　2. eliminate　　3. conference　　4. internal

ア. remove　　イ. carry　　ウ. meeting　　エ. domestic

② 次の語の形容詞形を答えよ。ただし -ed 形，-ing 形・同じつづりの語は除く。

1. urge 2. reverse 3. colony 4. obesity 5. ceremony

Step 3 例文で見出し語の用法を押さえよう！ ◎ 目標時間 4 分

次の各文の（　）に適する語をア～クから選び，全文を和訳せよ。

1. Vinegar is a necessary (　　　) when making sushi.
2. The company is struggling to pay off its (　　　).
3. We are expecting the country to move toward (　　　).
4. He established a private educational (　　) 100 years ago.
5. He seems to have a (　　) that any problem can be solved.
6. Many people think happiness depends on (　　) factors.
7. When we finally arrived, I (　　) to the restroom.
8. Listen carefully to understand his (　　) message.

ア. verbal　　　イ. democracy　　ウ. debt　　　　エ. external
オ. rushed　　　カ. notion　　　キ. institution　　ク. ingredient

Challenge 入試問題に挑戦しよう！ ◎ 目標時間 2 分 30 秒

1 は（　）に入れるのに適するものを記号で答えよ。2 は和文に合うように（　）内の語を並べ替えよ。ただし，語群には不要な語が一つある。

1. 彼に投票した人たちの多くは TPP に反対していたんじゃないかしら。

   I (　　　) that many who voted for him were against TPP.

   （中央大）

   ア. doubt　　　イ. question　　ウ. suspect　　エ. wonder

2. 彼は 50 歳の時に執筆活動に専念するため会社を辞めた。

   When he was fifty years old, he left the company to
   (writing / to / him / himself / devote / his).　　（成蹊大）

Step 1 見出し語の意味とアクセントを確認しよう！ 目標時間2分

① 次の単語の意味をア～エから選べ。

1. attach ア. 送付する イ. 行動する ウ. 手当てする エ. 付ける
2. lend ア. 送る イ. 受け取る ウ. 貸す エ. 借りる
3. grain ア. 農業 イ. 穀物 ウ. 食物 エ. 主食
4. burden ア. 常識 イ. 負担 ウ. 借金 エ. 原因
5. election ア. 演説 イ. 投票 ウ. 世論 エ. 選挙
6. cooperation ア. 運営 イ. 協力 ウ. 開発 エ. 企画
7. domestic ア. 消極的な イ. 積極的な ウ. 国内の エ. 国外の
8. crucial ア. 壮大な イ. 重大な ウ. 盛大な エ. 邪悪な
9. sudden ア. 遅い イ. 頑固な ウ. 急な エ. 賢い

② 次の日本語の意味を表す語をア～ケから選べ。

1. 許す 2. 合理的な 3. 見つける 4. 切り離す 5. 機関
6. 溶ける 7. 転がる 8. 主要な 9. 得意客

ア. isolate イ. detect ウ. roll エ. melt オ. forgive
カ. client キ. rational ク. principal ケ. institution

③ 次の語の最も強く読まれる箇所を答えよ。

1. guar-an-tee 2. di-a-lect 3. can-di-date
   ア イ ウ   ア イ ウ   ア イ ウ

4. eth-nic 5. fre-quent〔形容詞〕
   ア イ   ア イ

Step 2 さらなる語い力アップを目指そう！ 目標時間1分

① 次の語と類似する意味を持つ語をア～エから選べ。

1. possess 2. alien 3. precise 4. exhausted
ア. exact イ. tired ウ. have エ. foreign

② 次の語の形容詞形を答えよ。ただし -ed 形，-ing 形・同じつづりの語は除く。

1. dominate　2. convert　3. hunger　4. democracy　5. hypothesis

Step 3　例文で見出し語の用法を押さえよう！　⏱目標時間 4 分

次の各文の（　）に適する語をア〜クから選び，全文を和訳せよ。

1. In order to （　　） the area, multiply the width by the length.
2. I （　　） the author for her literary genius.
3. Scientists have （　　） up fossils of a bird that lived 100 million years ago.
4. He is in group （　　）.
5. Representatives from 50 countries attended the international （　　）.
6. Jogging before breakfast is my daily （　　）.
7. （　　） medicine did not help the patients.
8. That tall building is clearly （　　） from a distance.

ア. conference　イ. routine　ウ. dug　エ. conventional
オ. therapy　カ. calculate　キ. admired　ク. visible

Challenge　入試問題に挑戦しよう！　⏱目標時間 2 分 30 秒

次の 1, 2 の（　）に入れるのに適するものを記号で答えよ。

1. （to send a spacecraft into the sky の意味を持つ語）
   The satellite has been working since it was （　　） two years ago.　　　　　（近畿大）
   ア. commanded　イ. dominated　ウ. forced　エ. launched
2. 私が成功できたのはあの人のおかげだ。
   I （　　） my success in life to him.　　　　　（中央大）
   ア. borrow　イ. owe　ウ. lend　エ. blame

Section 10-1　単語番号 901 ～ 1000

Step 1　見出し語の意味とアクセントを確認しよう！　⏱ 目標時間2分

① 次の単語の意味をア～エから選べ。

		ア	イ	ウ	エ
1.	chat	ア. 吟味する	イ. おしゃべりをする	ウ. 表現する	エ. メッセージを送る
2.	assign	ア. 割り当てる	イ. 設定する	ウ. 挑戦する	エ. 評価する
3.	collapse	ア. 希望する	イ. 象徴する	ウ. 言及する	エ. 崩壊する
4.	frame	ア. 額縁	イ. 周辺	ウ. 辺境	エ. 境界
5.	fee	ア. 家賃	イ. 収入	ウ. 料金	エ. 支出
6.	insurance	ア. 保険	イ. 医療	ウ. 補償	エ. 保証
7.	trap	ア. 欠陥	イ. 手がかり	ウ. わな	エ. 推論
8.	grand	ア. 新鮮な	イ. 華奢な	ウ. 質のよい	エ. 豪華な
9.	plain	ア. 独特な	イ. 平易な	ウ. 特殊な	エ. 共通の

② 次の日本語の意味を表す語をア～ケから選べ。

1. 無礼な　2. 像　3. 正方形　4. 策略　5. 引退する
6. 福祉　7. 得る　8. 挨拶する　9. 弱める

ア. greet　イ. weaken　ウ. retire　エ. derive　オ. square
カ. welfare　キ. statue　ク. trick　ケ. rude

③ 次の語の最も強く読まれる箇所を答えよ。

1. pro-nounce　2. at-trib-ute〔動詞〕　3. em-brace
　　ア　イ　　　　　ア　イ　ウ　　　　　　ア　イ
4. em-pire　5. lei-sure
　ア　イ　　　ア　イ

Step 2　さらなる語い力アップを目指そう！　⏱ 目標時間1分

① 次の語と類似する意味を持つ語をア～エから選べ。

1. command　2. evaluate　3. accomplish　4. scare
ア. order　イ. frighten　ウ. achieve　エ. assess

② 次の語の名詞形を答えよ。ただし人を表す語は除く。

1. utter 2. modest 3. approve 4. stupid 5. correspond

Step 3　例文で見出し語の用法を押さえよう！　　　⏱目標時間 4 分

次の各文の（　　）に適する語をア～クから選び，全文を和訳せよ。

1. It is （　　） that she is ill.
2. *Gulliver's Travels* is a （　　） work of fiction.
3. You can reach the （　　） desert only by helicopter.
4. I have a （　　） fever now.
5. He （　　） the papers during the meeting.
6. The heart is the vital organ that （　　） human life.
7. What （　　） me is that he always ignores me.
8. Would you mind （　　） that door?

ア. shutting　　イ. apparent　　ウ. frustrates　　エ. distributed

オ. classic　　カ. slight　　キ. sustains　　ク. remote

Challenge　入試問題に挑戦しよう！　　　⏱目標時間 2 分 30 秒

1, 2 は（　　）に入れるのに適するものを記号で答えよ。3 は和文に合うように
（　　）内の語を並べ替えよ。

1. The little boy （　　） his father in many respects.

（芝浦工業大）

　　ア. is resembled　　　　　　イ. is resembled to
　　ウ. resembles　　　　　　　エ. resembles to

2. They were in trouble because they had no （　　） of transport.

（日本大）

　　ア. crops　　イ. means　　ウ. spans　　エ. traits

3. それを包装して，この住所に配達してもらいたいのです。

I （ it / would / wrapped / like ） and delivered to this address.

（駒澤大）

Step 1　見出し語の意味とアクセントを確認しよう！　🕐 目標時間 2 分

① 次の単語の意味をア～エから選べ。

1.	deserve	ア. 予約する	イ. 保全する	ウ. 利用する	エ. 値する
2.	resist	ア. 主張する	イ. 固執する	ウ. 我慢する	エ. あきらめる
3.	sink	ア. 沈む	イ. 産む	ウ. 浮く	エ. 眠る
4.	district	ア. 首都	イ. 機関	ウ. 経済特区	エ. 地区
5.	charity	ア. 政治的運動	イ. 非営利活動	ウ. 基幹産業	エ. 慈善事業
6.	reputation	ア. 批評	イ. 評判	ウ. 判断	エ. 断定
7.	innocent	ア. 無罪の	イ. 有罪の	ウ. 責任のある	エ. 無責任な
8.	solid	ア. 固体の	イ. 液体の	ウ. 気体の	エ. 固有の
9.	steady	ア. 明らかな	イ. 着実な	ウ. 限られた	エ. 普通の

② 次の日本語の意味を表す語をア～ケから選べ。

1. 優先事項　　2. 和らげる　　3. 手がかり　　4. 台無しにする　　5. 評価する

6. 量　　　　　7. 警戒　　　　8. 奴隷　　　　9. 内気な

ア. assess　　イ. relieve　　ウ. ruin　　　エ. volume　　オ. slave

カ. priority　　キ. clue　　　ク. guard　　ケ. shy

③ 次の語の最も強く読まれる箇所を答えよ。

1. im-i-tate　　　　2. cor-re-spond　　　3. bound-a-ry
　　ア イ ウ　　　　　　ア イ　ウ　　　　　　　ア　イ ウ

4. dis-count　　　　5. mech-a-nism
　　ア　イ　　　　　　　ア　イ　ウ

Step 2　さらなる語い力アップを目指そう！　🕐 目標時間 1 分

① 次の語と類似する意味を持つ語をア～エから選べ。

1. exhibit　　2. shut　　　3. profession　　4. adequate

ア. close　　イ. job　　　ウ. sufficient　　エ. display

② 次の語の名詞形を答えよ。ただし人を表す語は除く。

1. declare　2. resemble　3. occupy　4. generous　5. lonely

Step 3　例文で見出し語の用法を押さえよう！　🕐 目標時間 4 分

次の各文の（　　）に適する語をア〜クから選び，全文を和訳せよ。

1. He （　　　） that he had no idea.
2. The captain （　　　） his men to attack the enemy.
3. He was criticized for （　　　） his duties.
4. The building （　　　） under its own weight.
5. He paid a large （　　　） of money in tax.
6. They occupied the enemy's （　　　）.
7. They （　　　） against the use of chemical weapons.
8. Visitors are required to pay an entrance （　　　）.

ア. sum　　　　イ. protest　　　ウ. territory　　　エ. remarked
オ. neglecting　カ. fee　　　　キ. collapsed　　　ク. commanded

Challenge　入試問題に挑戦しよう！　🕐 目標時間 2 分 30 秒

1 は和文に合うように（　　）内の語を並べ替えよ。2，3 は（　　）に入れるのに適するものを記号で答えよ。

1. ジャックは，平均的な長さの小説を 5 時間以内で読むことができる。
   Jack can (a / read / average / of / length / novel) within five hours.　　　　　　　　　　　　　　　　　　　　　　（中央大）
2. The （　　　） of Mount Everest, according to the most recent and reliable data, is 29,035 feet.　　　　　　（日本大）
   ア. climate　　イ. distance　　ウ. height　　エ. prospect
3. (situated far from the main centers of population の意味を持つ語)
   The （　　　） mountain area was perfect for relaxation.
   　　　　　　　　　　　　　　　　　　　　　　　　　　　（近畿大）
   ア. abandoned　イ. remote　　　ウ. steep　　　エ. ultimate

🚗 Section 10-3　単語番号 901 〜 1000

Step 1　見出し語の意味とアクセントを確認しよう！　⏱ 目標時間 2 分

① 次の単語の意味をア〜エから選べ。

1. strengthen　ア. 邪魔する　　イ. 支える　　ウ. 弱める　　エ. 強くする
2. reform　　　ア. 改革する　　イ. 引退する　ウ. 進歩する　エ. 展示する
3. wrap　　　　ア. 伸ばす　　　イ. 切る　　　ウ. 包む　　　エ. はがす
4. heritage　　ア. 遺産　　　　イ. 体質　　　ウ. 芸術作品　エ. 発見
5. mission　　 ア. 攻撃　　　　イ. 命令　　　ウ. 技術　　　エ. 使命
6. logic　　　 ア. 仮定　　　　イ. 検証　　　ウ. 結論　　　エ. 論理
7. liberal　　 ア. 明らかな　　イ. 強靭な　　ウ. 寛大な　　エ. 冷静な
8. raw　　　　 ア. 低い　　　　イ. 生の　　　ウ. 普通の　　エ. 柔らかい
9. subtle　　　ア. 微妙な　　　イ. 奇妙な　　ウ. 奇抜な　　エ. 詳細な

② 次の日本語の意味を表す語をア〜ケから選べ。

1. 純粋な　　2. 手段　　3. 不満を抱かせる　4. 積み重ねる　5. 金額
6. 目撃者　　7. 重さがある　8. 罪悪感のある　9. 光栄

ア. weigh　　イ. frustrate　ウ. pile　　エ. sum　　オ. witness
カ. honor　　キ. means　　ク. guilty　　ケ. pure

③ 次の語の最も強く読まれる箇所を答えよ。

1. dis-trib-ute　　2. ne-glect　　3. ter-ri-to-ry
　　ア　イ　ウ　　　　ア　イ　　　　ア　イ　ウ　エ

4. treas-ure　　　5. prim-i-tive
　　ア　イ　　　　　　ア　イ　ウ

Step 2　さらなる語い力アップを目指そう！　⏱ 目標時間 1 分

① 次の語と類似する意味を持つ語をア〜エから選べ。

1. defeat　　2. yield　　3. architecture　4. reluctant
ア. structure　イ. beat　　ウ. produce　　エ. unwilling

② 次の語の形容詞形を答えよ。ただし -ed 形，-ing 形は除く。

1. remark　2. sustain　3. length　4. height　5. incident

Step 3　例文で見出し語の用法を押さえよう！　⊗目標時間 4 分

次の各文の（　）に適する語をア～クから選び，全文を和訳せよ。

1. We do several tests to （　　）products.
2. Our boss didn't （　　）of the plan.
3. I am working hard to （　　）my goal.
4. We （　　）energy from the sun.
5. I put the picture in the metal （　　）.
6. The （　　）stands in the middle of the square.
7. A rabbit was caught in a （　　）.
8. She is so （　　）that she can't talk to anybody.

　ア. accomplish　イ. trap　　　ウ. statue　　　エ. frame
　オ. shy　　　　カ. approve　　キ. evaluate　　ク. derive

Challenge　入試問題に挑戦しよう！　⊗目標時間 2 分 30 秒

次の 1 ～ 3 の（　）に入れるのに適するものを記号で答えよ。

1. The government （　　）the improvement of working conditions in the country to the long-term labor movement.　　　　　　　　　　　　　　　　（中央大）
　ア. admires　　イ. attributes　ウ. recognizes　エ. regards
2. The judges all agreed that the group （　　）the top prize for their amazing performance.　　　　　　　（神奈川大）
　ア. detected　　イ. revealed　　ウ. deserved　　エ. reasoned
3. After decades of research, diseases like Alzheimer's still （　　）treatment.　　　　　　　　　　　　　　　（中央大）
　ア. consist　　イ. insist　　　ウ. persist　　　エ. resist

Section 11-1 単語番号 1001 ～ 1100

Step 1 見出し語の意味とアクセントを確認しよう！　◯ 目標時間2分

① 次の単語の意味をア～エから選べ。

1.	murder	ア. 侵入する	イ. 密輸する	ウ. 殺害する	エ. 盗む
2.	accuse	ア. 称賛する	イ. 非難する	ウ. 論じる	エ. 詳述する
3.	restore	ア. 発展させる	イ. 応用する	ウ. 修復する	エ. 再利用する
4.	float	ア. 凍る	イ. 浮かぶ	ウ. 沈む	エ. 沸く
5.	sector	ア. 限度	イ. 子会社	ウ. 組織	エ. 部門
6.	phase	ア. 情勢	イ. 様子	ウ. 順位	エ. 段階
7.	valley	ア. 価値	イ. 廊下	ウ. 通路	エ. 谷
8.	obstacle	ア. 制約	イ. 障害	ウ. 式典	エ. 展望
9.	radical	ア. 形式的な	イ. 根本的な	ウ. 絶対的な	エ. 本格的な

② 次の日本語の意味を表す語をア～ケから選べ。

1. 先駆者　　2. タンパク質　3. 氷河　　4. 注ぐ　　　5. 避難
6. 中立の　　7. 大喜びさせる 8. 縮む　　9. 正当化する

ア. delight　イ. glacier　ウ. justify　エ. shrink　オ. pour
カ. protein　キ. pioneer　ク. shelter　ケ. neutral

③ 次の語の最も強く読まれる箇所を答えよ。

1. un-der-go　　　2. sub-mit　　　3. prej-u-dice
　　ア　イ　ウ　　　　　ア　イ　　　　　　ア　イ　ウ

4. mod-er-ate　　5. prom-i-nent
　　ア　イ　ウ　　　　ア　イ　ウ

Step 2 さらなる語い力アップを目指そう！　◯ 目標時間1分

① 次の語と類似する意味を持つ語（句）をア～エから選べ。

1. rob　　　2. chase　　3. shine　　4. surgery
ア. run after　イ. polish　ウ. operation　エ. deprive

② 次の語の名詞形を答えよ。ただし人を表す語は除く。

1. entertain 2. amuse 3. exceed 4. defend 5. resolve

Step 3 例文で見出し語の用法を押さえよう！ ◎ 目標時間 4分

次の各文の（　　）に適する語をア～クから選び，全文を和訳せよ。

1. She is a (　　) speaker of Spanish.
2. The living room of the house was decorated with (　　) art.
3. Sign language is a language which is used by (　　) people.
4. The (　　) Ocean is frozen most of the year.
5. He (　　) the folktale to make a movie.
6. She (　　) against the wall.
7. He kept on attacking his political (　　).
8. He was sent to (　　) for bank robbery.

ア. leaned　　　イ. deaf　　　ウ. fluent　　　エ. opponent
オ. Arctic　　　カ. prison　　　キ. modified　　　ク. precious

Challenge 入試問題に挑戦しよう！ ◎ 目標時間 2分30秒

次の 1，2の（　　）に入れるのに適するものを記号で答えよ。

1. A large number of people have been demanding equal rights and social (　　).　　　　　　　　　　　　　　　（日本大）
   ア. ability　　　イ. burden　　　ウ. justice　　　エ. generation
2. A good way of getting (　　) of your stress is to identify the particular situation that causes it.　　　　　　（学習院大）
   ア. loss　　　イ. lost　　　ウ. rid　　　エ. ridden

Step 1　見出し語の意味とアクセントを確認しよう！　⏱ 目標時間2分

① 次の単語の意味をア～エから選べ。

1. bully　　ア. いじめる　　イ. まねる　　ウ. 攻撃する　　エ. 連れまわす
2. wander　　ア. 驚く　　イ. 減らす　　ウ. 走り回る　　エ. ぶらつく
3. classify　　ア. 変更する　　イ. 集める　　ウ. 一覧にする　エ. 分類する
4. poetry　　ア. 物語　　イ. 全集　　ウ. 随筆　　エ. 詩
5. span　　ア. 時期　　イ. 年数　　ウ. 歳月　　エ. 期間
6. liquid　　ア. 固体　　イ. 気体　　ウ. 素材　　エ. 液体
7. glacier　　ア. 雪崩　　イ. 流氷　　ウ. 氷河　　エ. 吹雪
8. justice　　ア. 道徳　　イ. 倫理　　ウ. 教育　　エ. 正義
9. precious　　ア. 適度な　　イ. 貴重な　　ウ. 有益な　　エ. 偉大な

② 次の日本語の意味を表す語をア～ケから選べ。

1. 取り除く　　2. 寄りかかる　3. 見込み　　4. 儀式　　5. 極（地）
6. 予期する　　7. 粗い　　8. 押しつける　9. 読み書き能力

ア. rough　　イ. rid　　ウ. impose　　エ. lean　　オ. literacy
カ. pole　　キ. prospect　ク. ritual　　ケ. anticipate

③ 次の語の最も強く読まれる箇所を答えよ。

1. o-ver-whelm　　2. sub-sti-tute　　3. op-po-nent
　 ア　イ　ウ　　　　 ア　イ　ウ　　　　　 ア　イ　ウ

4. op-ti-mis-tic　　5. ma-rine
　 ア　イ　ウ　エ　　 ア　イ

Step 2　さらなる語い力アップを目指そう！　⏱ 目標時間1分

① 次の語と類似する意味を持つ語をア～エから選べ。

1. conservation　2. casual　　3. incredible　　4. inevitable
ア. unbelievable　イ. informal　　ウ. preservation　エ. unavoidable

② 次の語の名詞形を答えよ。ただし人を表す語は除く。

1. fulfill 2. confront 3. interfere 4. punish 5. modify

Step 3 例文で見出し語の用法を押さえよう！ 🕐 目標時間 4 分

次の各文の（　）に適する語をア〜クから選び，全文を和訳せよ。

1. Poverty (　　) children of educational opportunities.
2. He (　　) a child from drowning.
3. A cat was (　　) a mouse.
4. I (　　) my grandmother's old house myself.
5. I submitted a manuscript to the (　　).
6. Eggs are rich in (　　).
7. He set off on a voyage around the (　　).
8. She looks remarkably (　　) for her age.

ア. deprives　　イ. chasing　　ウ. protein　　エ. restored
オ. editor　　カ. mature　　キ. rescued　　ク. globe

Challenge 入試問題に挑戦しよう！ 🕐 目標時間 2 分 30 秒

1 は（　）に入れるのに適するものを記号で答えよ。2，3 は和文に合うように
（　）内の語（句）を並べ替えよ。

1. A: Who are the members of the committee?
   B: It is (　　) mainly of lawyers.　　（専修大）
   ア. restricted　　イ. informed　　ウ. composed　　エ. convinced
2. ケンが入院しているんだ。励ましにお見舞いに行かないか。
   Ken is in hospital now. Why (go / cheer / we / him / and / up / don't)?　　（日本大）
3. 「目には目を」という考え方では，世界中の目をつぶしてしまうことになる。
   An (the whole world / only / making / for / ends up / eye / blind / an eye).　　（龍谷大）

73

🚗 Section 11-3　単語番号 1001 〜 1100

Step 1　見出し語の意味とアクセントを確認しよう！　⏱ 目標時間 2 分

① 次の単語の意味をア〜エから選べ。

1. rescue	ア. 支援する	イ. 生産する	ウ. 立て直す	エ. 救う
2. arrest	ア. 逮捕する	イ. 反応する	ウ. 挑発する	エ. 先導する
3. fold	ア. 展開する	イ. 切断する	ウ. 縮める	エ. 折り畳む
4. usage	ア. 使い方	イ. 目的	ウ. 役割	エ. 効果
5. symptom	ア. 状況	イ. 症状	ウ. 後遺症	エ. 病気
6. oxygen	ア. 塩素	イ. 炭素	ウ. 窒素	エ. 酸素
7. passion	ア. 情熱	イ. 知識	ウ. 協調	エ. 常識
8. sacrifice	ア. 犠牲	イ. 加害者	ウ. 検察	エ. 陪審
9. prompt	ア. 迅速な	イ. 一度に	ウ. 突然の	エ. 雑な

② 次の日本語の意味を表す語をア〜ケから選べ。

1. 撃つ　　2. ウイルス　　3. 伝達経路　　4. (過失の) 責任　　5. 構成する
6. 大人になった　7. 訴える　　8. 滑らかな　　9. 積む

ア. shoot　　イ. sue　　ウ. compose　エ. load　　オ. virus
カ. channel　キ. fault　　ク. mature　　ケ. smooth

③ 次の語の最も強く読まれる箇所を答えよ。

1. in-ter-rupt〔動詞〕　2. ed-i-tor　　　　3. com-mit-tee
　　ア　イ　ウ　　　　　　ア　イ　ウ　　　　　　ア　イ　ウ

4. pes-si-mis-tic　　5. trop-i-cal
　ア　イ　ウ　エ　　　　ア　イ　ウ

Step 2　さらなる語い力アップを目指そう！　⏱ 目標時間 1 分

① 次の語と類似する意味を持つ語をア〜エから選べ。

1. prison　　2. instant　　3. genuine　　4. harsh
ア. immediate　イ. severe　　ウ. jail　　　エ. real

② 次の語の形容詞形を答えよ。ただし -ed 形，-ing 形は除く。

1. cheer 2. poison 3. globe 4. enthusiasm 5. fortune

Step 3　例文で見出し語の用法を押さえよう！　　⏱ 目標時間 4 分

次の各文の（　　）に適する語をア～クから選び，全文を和訳せよ。

1. A white cloud is (　　　) in the sky.
2. This educational program aims to increase (　　　).
3. I looked down into the deep (　　　).
4. He (　　　) the children by making funny faces.
5. The biggest (　　　) to success is the fear of making mistakes.
6. He was a (　　　) in computer science.
7. That technology has brought about (　　　) changes in society.
8. He helps (　　　) people to read books.

ア. literacy　　　イ. blind　　　ウ. floating　　　エ. radical
オ. valley　　　カ. pioneer　　　キ. obstacle　　　ク. amused

Challenge　入試問題に挑戦しよう！　　⏱ 目標時間 2 分 30 秒

1 は（　　）に入れるのに適するものを記号で答えよ。2 は和文に合うように
（　　）内の語を並べ替えよ。

1. (a place that protects one from bad weather or danger の
   意味を持つ語)
   A (　　　) for animals was opened near the park.　　　(近畿大)
   ア. cage　　　イ. dwelling　　　ウ. fort　　　エ. shelter
2. 誰もあなたの行動の自由を奪うことはできない。
   No one (freedom / of / you / to / your / can / deprive / act).　　　(名城大)

Part 3

ここで差がつく

300語

Section 12	78
Section 13	84
Section 14	90

Step 1 見出し語の意味とアクセントを確認しよう！ 目標時間2分

① 次の単語の意味をア〜エから選べ。

1. forecast　ア. 助言する　イ. 指示する　ウ. 予報する　エ. 計算する
2. obey　ア. 抵抗する　イ. 打ち負かす　ウ. 従う　エ. 非難する
3. bend　ア. 招く　イ. 曲げる　ウ. 譲る　エ. 貸す
4. exclude　ア. 延期する　イ. 短縮する　ウ. 含む　エ. 締め出す
5. trash　ア. ごみ　イ. 間違い　ウ. 欠点　エ. 欠損
6. row　ア. 線　イ. 横幅　ウ. 列　エ. 直線
7. obligation　ア. 忍耐　イ. 義務　ウ. 約束　エ. 婚約
8. fever　ア. 鼻水　イ. くしゃみ　ウ. せき　エ. 熱
9. grateful　ア. 決定的な　イ. 優柔不断な　ウ. 興奮している　エ. 感謝している

② 次の日本語の意味を表す語をア〜ケから選べ。

1. しっかり握る　2. そらす　3. 王室の　4. 軽くたたく　5. 運命
6. ごみ　7. 解雇する　8. きっと…だと思う　9. 錯覚

ア. bet　イ. grip　ウ. tap　エ. distract　オ. dismiss
カ. garbage　キ. illusion　ク. fate　ケ. royal

③ 次の語の最も強く読まれる箇所を答えよ。

1. con-sult　2. trans-mit　3. ge-og-ra-phy
　ア　イ　　　ア　イ　　　ア　イ　ウ　エ
4. or-bit　5. ul-ti-mate
　ア　イ　　ア　イ　ウ

Step 2 さらなる語い力アップを目指そう！ 目標時間1分

① 次の語と類似する意味を持つ語（句）をア〜エから選べ。

1. seize　2. dedicate　3. postpone　4. vanish
ア. devote　イ. put off　ウ. grab　エ. disappear

② 次の語の名詞形を答えよ。ただし人を表す語は除く。

1. reinforce 2. hesitate 3. dispose 4. brave 5. urgent

Step 3　例文で見出し語の用法を押さえよう！　　目標時間4分

次の各文の（　　）に適する語をア～クから選び，全文を和訳せよ。

1. The pool is too (　　) for diving.
2. He has a (　　) influence on young people.
3. It is (　　) to sit still for hours.
4. We have to provide education on drug (　　).
5. Volunteers cleaned up the roadside (　　).
6. I observe distant (　　) through a telescope.
7. There is still (　　) against ethnic minorities.
8. She has a very good sense of (　　).

ア. litter　　　　イ. galaxies　　　ウ. shallow　　　エ. discrimination

オ. dull　　　　カ. tremendous　キ. humor　　　　ク. abuse

Challenge　入試問題に挑戦しよう！　　目標時間2分30秒

1, 2 は（　　）に入れるのに適するものを記号で答えよ。3 は和文に合うように（　　）内の語を並べ替えよ。

1. I (　　) the speeding ticket with the police officer. （獨協大）
   ア. isolated　　　　イ. justified　ウ. eliminated　エ. disputed
2. I couldn't (　　) anything he was saying. Was he speaking in English? （武蔵大）
   ア. comprehend　イ. figure　　ウ. listen　　　エ. realize
3. そのマラソンランナーはついにオリンピック大会で競走するという夢を叶えることができた。
   The marathon runner finally (achieved / ambition / competing / his / in / of / the) Olympic games. （日本大）

Section 12-2 　単語番号 1101 〜 1200

Step 1　見出し語の意味とアクセントを確認しよう！　⏱ 目標時間 2 分

① 次の単語の意味をア〜エから選べ。

1.	speculate	ア. 探査する	イ. 思索する	ウ. 遠慮する	エ. 文句を言う
2.	pause	ア. 拡大する	イ. 達成する	ウ. 休止する	エ. 延期する
3.	boil	ア. 洗う	イ. 固める	ウ. 流す	エ. 沸かす
4.	leap	ア. 跳ぶ	イ. 走る	ウ. かがむ	エ. 伸びる
5.	litter	ア. ごみ	イ. びん	ウ. リットル	エ. 単位
6.	myth	ア. 秘密	イ. 真意	ウ. 神秘	エ. 神話
7.	decent	ア. 想像上の	イ. 重苦しい	ウ. きちんとした	エ. 衰えた
8.	gentle	ア. 明るい	イ. まじめな	ウ. 優しい	エ. 勤勉な
9.	awkward	ア. 苦しい	イ. 重い	ウ. 厄介な	エ. 究極な

② 次の日本語の意味を表す語をア〜ケから選べ。

1. 隠す　　2. 伝染病　　3. 核心　　4. 寄付する　　5. 引用する

6. おじぎをする　7. 辞める　　8. 驚かせる　　9. 残念なこと

ア. quote　　イ. donate　　ウ. bow　　　エ. astonish　オ. resign

カ. core　　キ. shame　　ク. infection　ケ. conceal

③ 次の語の最も強く読まれる箇所を答えよ。

1. dis-pute〔動詞〕　　2. e-quip　　　　3. sub-urb
　　ア　イ　　　　　　　　ア　イ　　　　　　　ア　イ

4. priv-i-lege　　　5. dy-nam-ic
　　ア　イ　ウ　　　　　ア　イ　ウ

Step 2　さらなる語い力アップを目指そう！　⏱ 目標時間 1 分

① 次の語と類似する意味を持つ語をア〜エから選べ。

1. comprehend　2. bind　　　3. awful　　　4. abundant

ア. rich　　　　イ. understand　ウ. tie　　　　エ. terrible

② 次の語の形容詞形を答えよ。ただし -ed 形，-ing 形は除く。

　　1. obey　2. continent　3. wisdom　4. ambition　5. instinct

Step 3　例文で見出し語の用法を押さえよう！　　⊘ 目標時間 4 分

次の各文の（　　）に適する語をア〜クから選び，全文を和訳せよ。

　　1. I (　　) that you'll like it.
　　2. He behaved in a (　　) way.
　　3. 18 teams (　　) the league.
　　4. We must not (　　) to violence.
　　5. It was his (　　) to die young.
　　6. This area is regarded as a (　　) place by the locals.
　　7. The beautiful view can (　　) drivers' attention.
　　8. They've decided to (　　) the meeting until next Wednesday.

　　ア. selfish　　　イ. resort　　　ウ. bet　　　エ. distract
　　オ. holy　　　　カ. fate　　　　キ. constitute　　ク. postpone

Challenge　入試問題に挑戦しよう！　　⊘ 目標時間 2 分 30 秒

1 は和文に合うように（　　）内の語を並べ替えよ。2，3 は（　　）に入れるのに適するものを記号で答えよ。

　　1. 私は，この本を書くにあたってのローラの導きと信頼に感謝します。
　　　I thank Laura for (and / her / guidance / in / faith) this book.　　　　　　　　　　　　　　　　　　　（松山大）
　　2. I (　　) the knotted rope tightly with both hands so as not to fall from the yacht into the sea.　　　（獨協大）
　　　ア. grasped　　イ. figured　　ウ. attracted　　エ. compelled
　　3. Though the earthquake was quite a severe one, these buildings suffered only (　　) damage.　　　（日本大）
　　　ア. scarce　　イ. steady　　ウ. superficial　エ. upper

Step 1　見出し語の意味とアクセントを確認しよう！　⏱ 目標時間 2 分

① 次の単語の意味をア～エから選べ。

1. accumulate　ア. 評価する　イ. 集める　ウ. 試す　エ. 公開する
2. split　ア. つなげる　イ. まとめる　ウ. 取り出す　エ. 分割する
3. conceal　ア. 暴く　イ. 隠す　ウ. 白状する　エ. 否認する
4. fade　ア. 現れる　イ. 消えていく　ウ. 増える　エ. 変化する
5. trace　ア. 反射　イ. 化石　ウ. 名残　エ. 見解
6. faith　ア. 方針　イ. 信頼　ウ. 運命　エ. 助言
7. abuse　ア. 常用　イ. 乱用　ウ. 雇用　エ. 転用
8. noble　ア. 優美な　イ. 優秀な　ウ. 高貴な　エ. 高度な
9. spare　ア. 追加の　イ. 特別の　ウ. 余分の　エ. 一般の

② 次の日本語の意味を表す語をア～ケから選べ。

1. 投げかける　2. 好む　3. わくわくさせる　4. 悲惨な出来事　5. ぎゅっとつかむ
6. すばらしい　7. 銀河　8. 生態系　9. だます

ア. grasp　イ. pose　ウ. cheat　エ. thrill　オ. ecology
カ. galaxy　キ. tragedy　ク. brilliant　ケ. fond

③ 次の語の最も強く読まれる箇所を答えよ。

1. con-sti-tute　2. with-draw　3. re-frig-er-a-tor
　　ア　イ　ウ　　　ア　イ　　　　ア　イ　ウ　エ　オ
4. de-cent　5. su-per-fi-cial
　ア　イ　　　ア　イ　ウ　エ

Step 2　さらなる語い力アップを目指そう！　⏱ 目標時間 1 分

① 次の語と類似する意味を持つ語をア～エから選べ。

1. courage　2. destiny　3. wound　4. sacred
ア. injury　イ. bravery　ウ. fate　エ. holy

② 次の語の動詞形を答えよ。

1. inhabitant　2. furniture　3. tight　4. sympathy　5. discrimination

Step 3　例文で見出し語の用法を押さえよう！　⏱ 目標時間 4 分

次の各文の（　　）に適する語をア～クから選び，全文を和訳せよ。

1. I （　　） a lawyer on the matter.
2. I （　　） the money to charity.
3. He （　　） the screen to start the app.
4. The （　　） of the earth is believed to be mostly iron.
5. Members can enjoy all these （　　）.
6. She is （　　） with children.
7. We are （　　） to you for your quick response.
8. She is a （　　） personality in the field of economics.

ア. consulted　　イ. privileges　　ウ. donated　　エ. dynamic
オ. gentle　　カ. grateful　　キ. tapped　　ク. core

Challenge　入試問題に挑戦しよう！　⏱ 目標時間 2 分 30 秒

1, 2 は（　　）に入れるのに適するものを記号で答えよ。3 は和文に合うように
（　　）内の語を並べ替えよ。

1. 今日の勝利で，タイガースは 3 連勝になった。
   With today's victory, the Tigers have now won three
   games in a （　　）.　　　　　　　　　　　　　　　（中央大）
   ア. column　　イ. loop　　ウ. row　　エ. straight
2. Please don't （　　） to ask if there's anything I can do.
   　　　　　　　　　　　　　　　　　　　　　　　　（神戸学院大）
   ア. worry　　イ. pause　　ウ. hesitate　　エ. explain
3. この物質は，抗生物質に耐性のある感染症の治療に役立つ。
   This substance is useful (that / treating / are / infections /
   resistant / for) to antibiotics.　　　　　　　　（中央大）

Step 1 見出し語の意味とアクセントを確認しよう！

🕐 目標時間2分

① 次の単語の意味をア〜エから選べ。

1.	yell	ア. ささやく	イ. じっと見つめる	ウ. 叫ぶ	エ. ちらりと見つめる
2.	polish	ア. 塗る	イ. 譲る	ウ. 乾かす	エ. 磨く
3.	flourish	ア. 出発する	イ. 構成する	ウ. 失敗する	エ. 繁盛する
4.	merchant	ア. 商品	イ. 主人	ウ. 商人	エ. 買い手
5.	luggage	ア. 客車	イ. 貨物	ウ. 手荷物	エ. 乗客
6.	peasant	ア. 地主	イ. 地代	ウ. 小作農	エ. 荘園
7.	prosperity	ア. 影響	イ. 利益	ウ. 成長	エ. 繁栄
8.	bold	ア. 率直な	イ. 複雑な	ウ. 大胆な	エ. 最新の
9.	bitter	ア. つらい	イ. 孤独な	ウ. 困難な	エ. 寂しい

② 次の日本語の意味を表す語をア〜ケから選べ。

1. 違反する　　2. 緩い　　3. 飢饉（き きん）　　4. あくびをする　　5. 手による

6. 思い切って着手する　　7. 稲光　　8. 章　　9. ささやく

ア. whisper　イ. yawn　ウ. loose　エ. violate　オ. venture

カ. lightning　キ. chapter　ク. famine　ケ. manual

③ 次の語の最も強く読まれる箇所を答えよ。

1. com-pro-mise
　　 ア　イ　ウ

2. pro-ceed
　　 ア　イ

3. out-put
　　 ア　イ

4. prov-erb
　　 ア　イ

5. ri-dic-u-lous
　　 ア　イ　ウ　エ

Step 2 さらなる語い力アップを目指そう！

🕐 目標時間1分

① 次の語と類似する意味を持つ語をア〜エから選べ。

1. spoil　　2. irritate　　3. competent　　4. deliberate

ア. ruin　　イ. able　　ウ. intentional　　エ. annoy

② 次の語の名詞形を答えよ。ただし人を表す語は除く。

　1. decorate　2. exaggerate　3. deceive　4. appoint　5. indifferent

Step 3　例文で見出し語の用法を押さえよう！　⏱ 目標時間 4 分

次の各文の（　　）に適する語をア〜クから選び，全文を和訳せよ。

　1. She is wearing （　　） clothes for a Halloween party.
　2. Good friendships are based on （　　） respect.
　3. There has been a （　　） decline in population.
　4. A lot of blood was （　　） in the battle.
　5. People （　　） in terror when they heard the gunshots.
　6. Doctor, I'm （　　） and running a fever.
　7. They （　　） the floor after class.
　8. The balloon （　　） with a loud bang.

　ア. shed　　　　イ. screamed　　ウ. ugly　　　　エ. sweep
　オ. burst　　　　カ. mutual　　　キ. gradual　　　ク. coughing

Challenge　入試問題に挑戦しよう！　⏱ 目標時間 2 分 30 秒

1, 2 は（　　）に入れるのに適するものを記号で答えよ。3 は和文に合うように
（　　）内の語（句）を並べ替えよ。

　1. The teacher understood the situation at （　　） and
　　 quickly solved the problem.　　　　　　　　　　（学習院大）
　　 ア. an end　　　イ. a glance　　ウ. a loss　　　エ. a time
　2. In Japan, IC cards can be used to pay for train and bus
　　 （　　）.　　　　　　　　　　　　　　　　　　（京都外国語大）
　　 ア. fees　　　　イ. fares　　　　ウ. fines　　　　エ. taxes
　3. 私はそんなことを言われるのには慣れていない。
　　 （ like / I'm / said to / having / accustomed / not / things /
　　 to / that ） me.　　　　　　　　　　　　　　　（獨協医科大）

Step 1 見出し語の意味とアクセントを確認しよう！

⏱ 目標時間 2分

① 次の単語の意味をア～エから選べ。

1.	swallow	ア. 飲み込む	イ. 噛み砕く	ウ. 吐き出す	エ. すり潰す
2.	disgust	ア. 好意を持つ	イ. 立ち向かう	ウ. 変装させる	エ. 嫌悪感を持たせる
3.	inherit	ア. 相続する	イ. 取り消す	ウ. 流れる	エ. 引き抜く
4.	voyage	ア. 通行	イ. 悲劇	ウ. 文化	エ. 航海
5.	dawn	ア. 夕方	イ. 日中	ウ. 日の入り	エ. 夜明け
6.	sweat	ア. 涙	イ. 血流	ウ. 分泌	エ. 汗
7.	keen	ア. 嫌になって	イ. 熱中して	ウ. 従順な	エ. 冷徹な
8.	pale	ア. 平坦な	イ. 凡庸な	ウ. 青白い	エ. 冷たい
9.	mild	ア. 温暖な	イ. 薄い	ウ. 低い	エ. 寛容な

② 次の日本語の意味を表す語をア～ケから選べ。

1. ひも　　　2. 優れている　3. 慣れさせる　4. 耐える　　　5. せきをする

6. 引きずる　7. ちらりと見ること　8. 天文学　　9. 叫び声を上げる

ア. scream　　イ. cough　　ウ. drag　　エ. tolerate　　オ. accustom

カ. superior　キ. string　　ク. glance　　ケ. astronomy

③ 次の語の最も強く読まれる箇所を答えよ。

1. in-sult〔動詞〕　　2. fac-ul-ty　　　3. out-look
　　ア　イ　　　　　　　ア　イ　ウ　　　　　　　ア　イ

4. bi-og-ra-phy　　5. man-u-al
　ア　イ　ウ　エ　　　　ア　イ　ウ

Step 2 さらなる語い力アップを目指そう！

⏱ 目標時間 1分

① 次の語と類似する意味を持つ語をア～エから選べ。

1. utilize　　2. endure　　3. thrive　　4. rear

ア. flourish　　イ. use　　ウ. bear　　エ. raise

② 次の語の名詞形を答えよ。ただし人を表す語は除く。

1. explode　2. exploit　3. suspend　4. cruel　5. tense

Step 3　例文で見出し語の用法を押さえよう！　⏱ 目標時間 4 分

次の各文の（　　）に適する語をア～クから選び，全文を和訳せよ。

1. Cherry trees (　　) in spring.
2. We bought the parts from a (　　).
3. I only have a piece of (　　).
4. There was a flash of (　　) before the thunder.
5. I am (　　) to believe his story.
6. The (　　) of products has increased by five percent.
7. Please read (　　) six before our next class.
8. The people in the region are suffering from severe (　　).

ア. output　　　イ. luggage　　　ウ. chapter　　　エ. merchant

オ. blossom　　　カ. inclined　　　キ. lightning　　　ク. famine

Challenge　入試問題に挑戦しよう！　⏱ 目標時間 2 分 30 秒

1 は和文に合うように（　　）内の語を並べ替えよ。ただし，語群には不要な語が一つある。2 は（　　）に入れるのに適するものを記号で答えよ。

1. 彼は約束を破ったのに，自分のことを恥ずかしいとは思っていないようだった。

Although he broke his promise, he (sound / apologize / of / ashamed / didn't / himself).　　　　　(成蹊大)

2. (shared between two or more people の意味を持つ語)

(　　) love and respect is the key to a successful relationship.　　　　　(近畿大)

ア. Dependent　イ. Double　ウ. Moral　エ. Mutual

Section 13-3 単語番号 1201 〜 1300

Step 1 見出し語の意味とアクセントを確認しよう！
🕐 目標時間 2 分

① 次の単語の意味をア〜エから選べ。

1. hug　　　ア. 抱き締める　イ. 背負う　　ウ. 握る　　　エ. 組む
2. commute　ア. 参列する　　イ. 通勤する　ウ. 通過する　エ. 勉強する
3. blossom　ア. 開花する　　イ. 発売する　ウ. 強くなる　エ. 下降する
4. crew　　　ア. 乗組員　　　イ. 航海　　　ウ. 飛行　　　エ. 運転
5. tag　　　ア. 札　　　　　イ. 看板　　　ウ. 表紙　　　エ. ひも
6. peer　　　ア. 兄弟姉妹　　イ. 商人　　　ウ. 同等の人　エ. 人脈
7. ashamed　ア. 憤慨して　　イ. 恥じて　　ウ. 冷静な　　エ. したたかな
8. male　　　ア. 女性の　　　イ. 男性の　　ウ. 人間の　　エ. 動物の
9. dense　　ア. 厚手の　　　イ. 高性能の　ウ. 密集した　エ. 安定した

② 次の日本語の意味を表す語をア〜ケから選べ。

1. 破裂する　2. 掃く　　3. ちらりと見えること　4. うなずく
5. やめる　　6. 劣った　7. 運賃　　8. 計画　　9. 家畜

ア. nod　　　イ. sweep　　ウ. burst　　エ. cease　　オ. fare
カ. scheme　キ. livestock　ク. glimpse　ケ. inferior

③ 次の語の最も強く読まれる箇所を答えよ。

1. un-der-take　　2. view-point　　3. tu-i-tion
　　ア　イ　ウ　　　　ア　　イ　　　　　ア　イ　ウ

4. mo-tive　　　　5. del-i-cate
　　ア　イ　　　　　　ア　イ　ウ

Step 2 さらなる語い力アップを目指そう！
🕐 目標時間 1 分

① 次の語と類似する意味を持つ語（句）をア〜エから選べ。

1. overtake　2. esteem　　3. narrative　4. fatigue
ア. story　　イ. exhaustion　ウ. respect　　エ. catch up with

② 次の語の形容詞形を答えよ。ただし同じつづりの語は除く。

　　1. horizon　2. statistics　3. tolerate　4. luxury　5. fame

Step 3　例文で見出し語の用法を押さえよう！　　⊙ 目標時間 4 分

次の各文の（　　）に適する語をア〜クから選び，全文を和訳せよ。

　　1. He went on a （　　） to Hawaii.
　　2. The animal is most active at （　　）.
　　3. She has a great （　　） for making everybody happy.
　　4. "Time is money," as the （　　） goes.
　　5. The （　　） need a good harvest for survival.
　　6. She is quite （　　） on studying English.
　　7. The new products are far （　　） to the previous ones.
　　8. Technology has added a new （　　） to agriculture.

　　ア. dimension　　イ. faculty　　ウ. proverb　　エ. superior
　　オ. keen　　　　カ. dawn　　　キ. peasants　　ク. voyage

Challenge　入試問題に挑戦しよう！　　⊙ 目標時間 2 分 30 秒

次の 1, 2 の（　　）に入れるのに適するものを記号で答えよ。

　　1. He says he was taken by aliens, but no one believes such
　　　a （　　） story.　　　　　　　　　　　　　　　　（武庫川女子大）
　　　　ア. rational　イ. realistic　ウ. reasonable　エ. ridiculous
　　2. In my school days, I didn't pay attention to current
　　　affairs.
　　　≒ In my school days, I was （　　） to current affairs.

　　　　　　　　　　　　　　　　　　　　　　　　　　（東京理科大）

　　　ア. exposed　イ. indifferent　ウ. subject　　エ. indispensable

🚗 Section 14-1　単語番号 1301 ～ 1400

Step 1　見出し語の意味とアクセントを確認しよう！　⏱ 目標時間2分

① 次の単語の意味をア～エから選べ。

1.	boast	ア. 主張する	イ. 無視する	ウ. 自慢する	エ. 謙遜する
2.	conquer	ア. 統治する	イ. 征服する	ウ. 撤退する	エ. 仲介する
3.	prevail	ア. 普及する	イ. 呼吸する	ウ. 直面する	エ. 薄まる
4.	bathe	ア. 座らせる	イ. 立たせる	ウ. 横にする	エ. 入浴させる
5.	dye	ア. 飾る	イ. 美化する	ウ. ごまかす	エ. 染める
6.	council	ア. 批判	イ. 議員	ウ. 同盟	エ. 議会
7.	mercy	ア. 愛着	イ. 親近感	ウ. 情け	エ. 信心
8.	worship	ア. 祈願	イ. 志願	ウ. 信心	エ. 崇拝
9.	steep	ア. 柔軟な	イ. 急な	ウ. 無礼な	エ. 速やかな

② 次の日本語の意味を表す語をア～ケから選べ。

1. 懇願する　　2. 浸す　　3. 墓　　4. 委員会　　5. 引き渡す

6. 優秀さ　　7. こぼす　　8. 従う　　9. 残念なこと

ア. conform　イ. merit　　ウ. spill　　エ. soak　　オ. beg

カ. panel　　キ. pity　　ク. grave　　ケ. surrender

③ 次の語の最も強く読まれる箇所を答えよ。

1. in-quire　　　　2. fu-ner-al　　　　3. cir-cu-la-tion
　　ア　イ　　　　　ア　イ　ウ　　　　　ア　イ　ウ　エ

4. val-id　　　　　5. hos-tile
　　ア　イ　　　　　ア　イ

Step 2　さらなる語い力アップを目指そう！　⏱ 目標時間1分

① 次の語と類似する意味を持つ語をア～エから選べ。

1. confess　　2. heal　　3. vacant　　4. immense

ア. admit　　イ. cure　　　ウ. enormous　　エ. empty

② 次の語の名詞形を答えよ。ただし人を表す語は除く。

　　1. conceive　2. contradict　3. invade　4. starve　5. jealous

Step 3　例文で見出し語の用法を押さえよう！　⏱目標時間4分

次の各文の（　　）に適する語をア〜クから選び，全文を和訳せよ。

　　1. Our train is （　　） to arrive at Kyoto Station soon.
　　2. Try not to （　　） the bites.
　　3. He has only a （　　） idea of what he wants to do in the future.
　　4. Dogs are usually （　　） to their masters.
　　5. His rude question （　　） the speaker.
　　6. Our teacher （　　） the essay to those topics.
　　7. My mother's birthday （　　） with Mother's Day this year.
　　8. She has decided to get a （　　）.

　　ア. coincides　　イ. loyal　　　ウ. vague　　　エ. divorce
　　オ. offended　　カ. due　　　　キ. scratch　　ク. confined

Challenge　入試問題に挑戦しよう！　⏱目標時間2分30秒

次の1〜3の（　　）に入れるのに適するものを記号で答えよ。

　　1. When I heard that Jane had been accepted into a famous medical school, I immediately called to （　　） her.

（愛知学院大）

　　　　ア. appreciate　イ. celebrate　　ウ. congratulate　エ. promise

　　2. After the accident, the judge required him to （　　） the victim's family for their loss.　　（麗澤大）

　　　　ア. complement　イ. compensate　ウ. compromise　エ. compose

　　3. We started the meeting at 2 p.m., and it （　　） 6 p.m.

（松山大）

　　　　ア. lasted until　　　　　　　イ. continued on
　　　　ウ. stayed for　　　　　　　　エ. finished on

Section 14-2　単語番号 1301 〜 1400

Step 1　見出し語の意味とアクセントを確認しよう！　　🕐 目標時間2分

① 次の単語の意味をア〜エから選べ。

1.	confine	ア. 安定させる	イ. 支配する	ウ. 限定する	エ. 開放する
2.	betray	ア. 裏切る	イ. 支える	ウ. 協力する	エ. 反抗する
3.	disguise	ア. 変装させる	イ. 転換する	ウ. だます	エ. 悩ませる
4.	wind	ア. まっすぐ伸びる	イ. 乱高下する	ウ. 曲がりくねる	エ. ぐらぐら揺れる
5.	pray	ア. 捕る	イ. 払う	ウ. 遊ぶ	エ. 祈る
6.	jury	ア. 裁判	イ. 判断	ウ. 陪審	エ. 相談
7.	grief	ア. 深い悲しみ	イ. 大きな喜び	ウ. 寛大さ	エ. ささいなこと
8.	atom	ア. 要素	イ. 原子	ウ. 電子	エ. 元素
9.	earnest	ア. 親切な	イ. 奇妙な	ウ. 真剣な	エ. 元気な

② 次の日本語の意味を表す語をア〜ケから選べ。

1. 頂上　　2. ぴんと張る　3. 虫歯　　4. 美徳　　　5. あえて…する

6. かき回す　7. 離婚　　　8. 絶望　　9. 飢えに苦しむ

ア. dare　　イ. strain　　ウ. starve　　エ. stir　　　オ. summit

カ. divorce　キ. despair　ク. virtue　　ケ. decay

③ 次の語の最も強く読まれる箇所を答えよ。

1. con-grat-u-late　　2. dig-ni-ty　　　　　3. ap-pe-tite
　　ア　イ　ウ　エ　　　　ア　イ　ウ　　　　　　ア　イ　ウ

4. ob-scure　　　　　5. su-preme
　　ア　イ　　　　　　　ア　イ

Step 2　さらなる語い力アップを目指そう！　　🕐 目標時間1分

① 次の語と類似する意味を持つ語（句）をア〜エから選べ。

1. compensate　2. last　　　3. sorrow　　4. bare

ア. continue　　イ. sadness　　ウ. naked　　エ. make up for

② 次の語の名詞形を答えよ。ただし人を表す語・同じつづりの語は除く。

　　1. offend　2. coincide　3. digest　4. humid　5. infinite

Step 3　例文で見出し語の用法を押さえよう！　　🕐 目標時間4分

次の各文の（　　）に適する語をア〜クから選び，全文を和訳せよ。

　　1. They （　　　） their secret to her.
　　2. He is always （　　　） about his academic background.
　　3. At last he was able to （　　　） his goal.
　　4. I （　　　） a new button on the shirt.
　　5. He will run for （　　　） of Yokohama.
　　6. The （　　　） of judges consists of several scientists.
　　7. （　　　） broke into the office.
　　8. Stock prices remain （　　　）.

　　ア. attain　　　　イ. sewed　　　ウ. confessed　　エ. boasting
　　オ. thieves　　　カ. static　　　キ. mayor　　　ク. panel

Challenge　入試問題に挑戦しよう！　　🕐 目標時間2分30秒

次の1〜3の（　　）に入れるのに適するものを記号で答えよ。

　　1. His tactics worried him terribly, though he kept on trying
　　　to （　　　） himself that the project was taking its proper
　　　course.　　　　　　　　　　　　　　　　　　　　　　　（上智大）
　　　ア. assume　　イ. help　　　ウ. assure　　エ. talk
　　2. A （　　　） is a great success or achievement, often one
　　　that has been gained with a lot of skill or effort.　（専修大）
　　　ア. corporation　イ. proposal　ウ. memorial　エ. triumph
　　3. ジャガイモの不作は異常気象によるものだった。
　　　The potato crop failure was （　　　） to unusual weather.
　　　　　　　　　　　　　　　　　　　　　　　　　　　　（成城大）
　　　ア. thanks　　イ. caused　　ウ. resulted　　エ. due

Step 1 見出し語の意味とアクセントを確認しよう！　⏱ 目標時間 2 分

① 次の単語の意味をア〜エから選べ。

1. attain　　ア. 試みる　　イ. 実行する　　ウ. 達成する　　エ. 踏み倒す
2. refrain　　ア. 控える　　イ. 予防する　　ウ. 禁じる　　エ. 管理する
3. knit　　ア. まとめる　　イ. 折る　　ウ. 混ぜる　　エ. 編む
4. secretary　　ア. 秘密　　イ. 秘書　　ウ. 書類　　エ. 審査
5. quarrel　　ア. 評論　　イ. 論文　　ウ. 攻防　　エ. 口論
6. suicide　　ア. 自殺　　イ. 窃盗　　ウ. 誘拐　　エ. 密輸
7. minute　　ア. 微小な　　イ. 複数の　　ウ. 奇跡的な　　エ. 瞬時の
8. naked　　ア. 裸の　　イ. 身体の　　ウ. 流行の　　エ. 装飾の
9. thorough　　ア. 安定した　　イ. 徹底的な　　ウ. 一時的な　　エ. ゆっくりした

② 次の日本語の意味を表す語をア〜ケから選べ。

1. 栄光　　2. 救急車　　3. 縫いつける　　4. 市長　　5. まき散らす
6. 好況　　7. 泥棒　　8. 安心させる　　9. 剥奪する

ア. assure　　イ. scatter　　ウ. strip　　エ. sew　　オ. mayor
カ. thief　　キ. boom　　ク. glory　　ケ. ambulance

③ 次の語の最も強く読まれる箇所を答えよ。

1. ref-uge　　2. cri-te-ri-on　　3. nu-tri-tion
ア　イ　　　ア　イ　ウ　エ　　　ア　イ　ウ

4. pe-cu-liar　　5. stat-ic
ア　イ　ウ　　　ア　イ

Step 2 さらなる語い力アップを目指そう！　⏱ 目標時間 1 分

① 次の語と類似する意味を持つ語をア〜エから選べ。

1. triumph　　2. tidy　　3. absurd　　4. idle
ア. victory　　イ. ridiculous　　ウ. neat　　エ. lazy

② 次の語の形容詞形を答えよ。ただし -ed 形，-ing 形は除く。

1. envy　2. persist　3. caution　4. legend　5. prestige

Step 3　例文で見出し語の用法を押さえよう！　　⏱ 目標時間 4 分

次の各文の（　　）に適する語をア〜クから選び，全文を和訳せよ。

1. She (　　) clothes in water before washing them.
2. I (　　) my coffee with a spoon.
3. They treat children with (　　).
4. Good blood (　　) helps the brain stay healthy.
5. A group of (　　) constitutes a molecule.
6. I walked on the beach in my (　　) feet.
7. They took a (　　) attitude toward newcomers.
8. The President has (　　) power.

ア. stirred　　　イ. soaks　　　ウ. dignity　　　エ. hostile
オ. bare　　　カ. circulation　キ. supreme　　ク. atoms

Challenge　入試問題に挑戦しよう！　　⏱ 目標時間 2 分 30 秒

次の 1 〜 3 の（　　）に入れるのに適するものを記号で答えよ。

1. Doctors have to obtain (　　) from a patient prior to performing any medical treatment.　（芝浦工業大）
   ア. forgiveness　イ. admission　ウ. allowance　エ. consent
2. She (　　) herself, so no one could recognize who she was.　（神奈川大）
   ア. disguised　イ. quoted　ウ. helped　エ. obeyed
3. A: How (　　) you insult me!
   B: Sorry, I didn't mean to. Would you forgive me?　（専修大）
   ア. dare　イ. shall　ウ. may　エ. need

英単語ターゲット

1400

[5訂版]

実戦問題集

別冊解答

TARGET 1400

旺文社

CONTENTS

Part 1　これだけは覚えたい600語

Section 1　1 4
　　　　　2 4
　　　　　3 5
Section 2　1 6
　　　　　2 7
　　　　　3 8
Section 3　1 9
　　　　　2 10
　　　　　3 10
Section 4　1 11
　　　　　2 12
　　　　　3 13
Section 5　1 14
　　　　　2 15
　　　　　3 16
Section 6　1 16
　　　　　2 17
　　　　　3 18

Part 2　さらに実力を伸ばす500語

Section 7　1 19
　　　　　2 20
　　　　　3 21
Section 8　1 22
　　　　　2 22
　　　　　3 23
Section 9　1 24
　　　　　2 25
　　　　　3 26

Section 10　1 26

　　　　　　2 27

　　　　　　3 28

Section 11　1 29

　　　　　　2 30

　　　　　　3 31

Part 3　ここで差がつく300語

Section 12　1 31

　　　　　　2 32

　　　　　　3 33

Section 13　1 34

　　　　　　2 35

　　　　　　3 36

Section 14　1 36

　　　　　　2 37

　　　　　　3 38

Step 1

① 1.イ 2.ア 3.イ 4.ウ 5.ア 6.エ 7.ウ 8.イ 9.エ
② 1.オ 2.ク 3.ア 4.イ 5.ケ 6.キ 7.ウ 8.エ 9.カ
③ 1.ア 2.イ 3.イ 4.イ 5.ア

Step 2

① 1.イ 2.エ 3.ウ 4.ア
② 1. development 2. explanation 3. possibility 4. similarity 5. growth

Step 3

1.ク 2.ア 3.オ 4.ウ 5.イ 6.カ 7.エ 8.キ

和訳 1. 彼は問題が悪化すると思っている。
2. 彼女は娘がパーティーに行くのを許さなかった。
3. 私たちはその子供たちに飲食物を提供した。
4. 大学生のころ京都を訪れたのを覚えている。
5. 私はその部屋を妹と共同利用するつもりだ。
6. 明かりを消すのを忘れないでください。
7. 私は新車を購入しようと決めた。
8. 食事の後にデザートが続いた。

Challenge

1.イ 2.エ 3.エ

解説 1. faced with 〜「〜に直面して」**和訳** 困った世界に直面し，すべての文化の人々が説明を求めてきた。
2. occur「(事が) 起こる」，the chance of a lifetime「一生に一度のチャンス」**和訳** これは一生に一度のチャンスだ。このような機会は二度とないかもしれない。
3. social skill「社会的スキル，社交術」**和訳** その男性には乏しい社会的スキルしかなかったので，よく人びとを怒らせた。

Step 1

① 1.ウ 2.エ 3.ア 4.ウ 5.エ 6.ア 7.イ 8.イ 9.ウ

② 1. エ 2. イ 3. オ 4. カ 5. ア 6. ク 7. キ 8. ケ 9. ウ
③ 1. ウ 2. ウ 3. イ

Step 2

① 1. イ 2. ア 3. エ 4. ウ
② 1. conditional 2. risky 3. natural 4. decisive 5. creative

Step 3

1. エ 2. カ 3. ク 4. ア 5. ウ 6. オ 7. イ 8. キ
(和訳) 1. 食べる物すべてが身体に何らかの影響を及ぼす。
　　2. あなたはご両親のアドバイスを心に留めておくべきだ。
　　3. 運転手にその事故の責任があるのは明らかだ。
　　4. 彼女は15歳の時に女優としてのキャリアのスタートを切った。
　　5. 教師は教育において重要な役割を果たす。
　　6. 気候変動は私たちにとって死活問題になりかねない。
　　7. この語はここで特別な意味で用いられている。
　　8. 罰金が科せられるにもかかわらず，彼らはその規則を破り続けた。

Challenge

1. ア 2. ウ 3. ウ
(解説) 1. as is often the case with ～「～にはよくあることだが」(和訳) 彼は昨夜，パー
　　ティーで飲み過ぎたが，彼にはよくあることだ。
　　2. have much in common「共通しているところがたくさんある」(和訳) その作家が
　　生んだ主要登場人物の1人は，彼自身の祖母と似ているところがたくさんあった。
　　3. specific「具体的な」(和訳) 教師は生徒たちに具体的な考えや問題について考えること
　　に集中させようとした。

Part 1　これだけは覚えたい600語
Section 1-3
単語番号 1 ～ 100
問題編
p.12

Step 1

① 1. ア 2. ウ 3. ア 4. イ 5. エ 6. ア 7. ウ 8. ア 9. エ
② 1. キ 2. ア 3. カ 4. ウ 5. ク 6. イ 7. ケ 8. エ 9. オ
③ 1. ア 2. ア 3. イ 4. イ 5. イ

Step 2

① 1. イ 2. エ 3. ア 4. ウ
② 1. improvement 2. payment 3. storage 4. suggestion

5. individuality / individualism

Step 3

1. ア　2. カ　3. エ　4. ク　5. イ　6. キ　7. オ　8. ウ

(和訳) 1. 韓国語の文法は日本語の文法と似ている。

2. この家にあるものは何でも自由に使ってください。

3. 私たちは異なる方法でお金を稼いでいる。

4. 私はあなたが試験に受かることを確信している。

5. それらの生物種は非常に近い将来，絶滅しそうだ。

6. 指紋は個々人に特有のものだ。

7. 19 世紀に香水が一般大衆に広まった。

8. その医者は彼にストレスに対処する方法を教えた。

Challenge

1. イ　2. ア　3. ウ

(解説) 1. be expecting ～「～（人）が来ると思っている」(和訳) A：ご用件をどうぞ，スミス様。B：ええ。ホワイトさんとお会いするために来ました。私が来ることはご存じです。

2. allow ～ to do「～（人）が…するのを許す」の受動態。(和訳) 飛行機内での喫煙は認められていません。法律違反です。

3. provide A with B「A に B を供給する」の受動態。(和訳) 作業員たちは保護用の手袋を供給されている。

Step 1

① 1. ア　2. エ　3. エ　4. イ　5. エ　6. ア　7. イ　8. エ　9. イ
② 1. キ　2. カ　3. ク　4. ア　5. オ　6. イ　7. エ　8. ケ　9. ウ
③ 1. ア　2. イ　3. ア　4. ア　5. イ

Step 2

① 1. ア　2. ウ　3. イ　4. エ
② 1. discovery　2. argument　3. involvement　4. reference　5. connection

Step 3

1. ウ　2. ク　3. キ　4. オ　5. イ　6. エ　7. ア　8. カ

(和訳) 1. 私は彼女の目が充血していることに気づいた。

2. 劇場内での飲食は禁じられていることに留意してください。

3. 私は外国語を学ぶことがいかに重要かを理解している。
4. 私は彼の顔がすぐにわかったが，名前は思い出せなかった。
5. 彼女の上司はよく彼女に無理やり残業させる。
6. 原子力の使用に反対する国もある。
7. 私は性格が血液型と関係があるとは思わない。
8. その薬には好ましくない副作用がある。

Challenge

1. イ　2. エ

解説 1. miss「(機会など)を逃す」**和訳** A：今週土曜日の野球の試合のチケットを2枚持っています。行きたいですか。　B：もちろん！　見逃せません。

2. prevent ～ from *doing*「～が…するのを妨げる」**和訳** 彼は貧乏だったので，授業料を払う余裕はなかった。≒貧困が彼が授業料を支払うのを妨げた。

Part 1　これだけは覚えたい600語　　Section 2-2　　単語番号101 ～ 200　　問題編 p.16

Step 1

① 1. エ　2. ウ　3. ウ　4. ウ　5. ウ　6. ア　7. イ　8. ウ　9. ア
② 1. カ　2. ア　3. エ　4. ク　5. キ　6. オ　7. ケ　8. イ　9. ウ
③ 1. ア　2. イ　3. イ　4. イ　5. イ

Step 2

① 1. イ　2. ウ　3. エ　4. ア
② 1. achievement　2. inclusion　3. relation / relationship
4. comparison　5. encouragement

Step 3

1. キ　2. エ　3. ア　4. カ　5. オ　6. イ　7. ウ　8. ク

和訳 1. その親切な少年は高齢の女性に席を譲った。
2. 従業員たちは労働時間を減らしたいと思っている。
3. 彼は講演の中でそのレポートに言及した。
4. 彼女は彼から返事を受け取った。
5. 彼女はレースに勝つつもりだ。
6. 彼はその役割を担うには経験が不足していた。
7. 私たちは調査をアジア諸国に限定した。
8. 私は読む速さを測るためにストップウォッチを使った。

Challenge

1. ア　2. エ　3. イ

(解説) 1. There is no chance of ～ . 「～の見込みはゼロである。」(和訳) A：今日の天気予報を知っていますか。　B：はい、雨は降りません。

2. make an effort「努力する」(和訳) 私の兄は昨年，その大学の入学試験に合格するために大変な努力をした。

3. fail to *do*「…できない」

Part 1　これだけは覚えたい 600 語

🚗 **Section 2-3**　単語番号101 ～ 200　問題編 **p.18**

Step 1

① 1. ア　2. ア　3. エ　4. イ　5. エ　6. ア　7. エ　8. ア　9. ウ
② 1. ア　2. カ　3. オ　4. エ　5. キ　6. ケ　7. ウ　8. イ　9. ク
③ 1. ア　2. ア　3. ア　4. イ　5. ア

Step 2

① 1. イ　2. エ　3. ア　4. ウ
② 1. recognition　2. society / socialism / sociology　3. variety / variation
4. availability　5. reduction

Step 3

1. カ　2. オ　3. ウ　4. エ　5. ク　6. ア　7. イ　8. キ

(和訳) 1. 彼女はあらゆることに対してとても積極的な姿勢だ。
2. 私たちは船でその島に到着した。
3. 私は道の途中でかぎをなくした。
4. 彼はいつも同じ服を着ている。
5. 伝言をお願いできますか。
6. チャールズ・ダーウィンは進化論で有名だ。
7. 私は政府の食料政策には賛成しない。
8. 彼女は国際貿易に携わっている。

Challenge

1. ア　2. イ　3. イ

(解説) 1. appropriate occasion「適切な時［場合］」(和訳) これは政治について話し合うのに適切な時だと思いますか。

2. argue「言い争う」(和訳) 人々がお互いに言い争うとは，意見が合わないという理由で

怒ったような話し方をするということだ。

3. be involved with ～「～と関わりがある」 和訳 彼女は高校を卒業してから，自分の地元の祭りに深く関わっている。

Step 1

① 1. イ　2. イ　3. イ　4. ウ　5. ア　6. エ　7. ア　8. イ　9. ア
② 1. ウ　2. オ　3. キ　4. カ　5. ア　6. ケ　7. イ　8. エ　9. ク
③ 1. イ　2. イ　3. イ　4. ア　5. ア

Step 2

① 1. ウ　2. エ　3. イ　4. ア
② 1. imagination　2. expression　3. identity / identification
4. activity　5. communication

Step 3

1. キ　2. ク　3. オ　4. イ　5. カ　6. ウ　7. ア　8. エ
和訳 1. 巨大な波がその小さな船を襲った。
2. 残念なことに，空港であなたを出迎えることができません。
3. どうして彼女は私を見てくれないのだろうか。
4. 私たちは散歩に行き，その後で昼食をとった。
5. この絵の中の雨は悲しみを象徴している。
6. 私は彼を慈善活動の点で尊敬している。
7. 彼女はいつも私を子供のように扱う。
8. ケニアは 1963 年に独立を獲得した。

Challenge

1. ア　2. ウ
解説 1. safe「安全な」
2. prefer A to B「B よりも A のほうを好む」 和訳 A：この，カナダで冒険してすごす休暇の広告を見ましたか。　B：はい，でもスキーやカヌーをするよりビーチで寝そべっているほうがいいです。

Step 1

① 1.ア 2.エ 3.ア 4.エ 5.イ 6.イ 7.イ 8.イ 9.エ
② 1.オ 2.エ 3.キ 4.ウ 5.ク 6.ア 7.カ 8.イ 9.ケ
③ 1.ウ 2.ア 3.ア 4.ア 5.ア

Step 2

① 1.ア 2.エ 3.イ 4.ウ
② 1. solution 2. preparation 3. protection 4. entrance / entry 5. safety

Step 3

1.ア 2.キ 3.エ 4.ウ 5.カ 6.イ 7.オ 8.ク
和訳 1. 彼は英語を話せたらいいのにと思っている。
2. 彼の夢は祖国に学校を設立することだ。
3. 政府はその難民に追加の食料を供給することに決めた。
4. インフルエンザが国中に広がった。
5. 彼は仕事場でのストレスに苦しんでいる。
6. この地域の生活水準は低い。
7. 白髪は高齢者によくある特徴だ。
8. 胃の主な機能は食べ物を消化することだ。

Challenge

1.エ 2.イ 3.エ
解説 1. be supposed to *do*「…することになっている」**和訳** 私が乗るはずだった飛行機は、ハリケーンのせいで欠航になった。
2. identify「を明らかにする」**和訳** そのジャーナリストは情報源を明らかにすることを拒否した。
3. in (good) shape「調子がよくて」**和訳** 自分の調子をよく保ちたいなら、毎日運動する必要がある。

Step 1

① 1.ア 2.イ 3.イ 4.ウ 5.ウ 6.ア 7.ア 8.エ 9.ア

② 1.キ 2.カ 3.ウ 4.ア 5.イ 6.ク 7.オ 8.エ 9.ケ
③ 1.イ 2.イ 3.ア 4.ア 5.ア

Step 2

① 1.イ 2.ア 3.エ 4.ウ
② 1. respectable / respectful / respective　2. preferable　3. dependent
　 4. wasteful　5. influential

Step 3

1.カ 2.オ 3.ク 4.イ 5.エ 6.キ 7.ア 8.ウ
和訳 1. 彼は彼女の提案に従って行動した。
　　 2. 彼らは幅広い範囲の問題を話し合った。
　　 3. 残りの仕事は明日します。
　　 4. 彼は自分の本性（＝本当の性格）をごく少数の人にしか見せない。
　　 5. 彼はおなかに激しい痛みがあった。
　　 6. 多くの人が彼女の葬儀に出席していた。
　　 7. 私は古代ギリシャの神話を読むのが好きだ。
　　 8. 親は10代の子供に忍耐強くいる必要がある。

Challenge

1.ウ 2.ア 3.ア
解説 1. mention「に言及する」**和訳** 議長は明日の会議の議題について手短に触れた。
　　 2. regard *A* as *B*「AをBと見なす」**和訳** 私たちは彼女を日本で最も優秀なバイオリ
　　　 ニストだと見なしている。
　　 3. decline「減る」**和訳** 世界的な石油の利用はいまだに世界中で増えているが，ますま
　　　 す多くの工業国で石油の利用はピークに達し，減り始めている。

Step 1

① 1.ア 2.ア 3.ア 4.イ 5.イ 6.ア 7.ウ 8.ア 9.エ
② 1.オ 2.ウ 3.ア 4.ク 5.カ 6.ケ 7.エ 8.イ 9.キ
③ 1.ア 2.ア 3.ア 4.イ 5.ウ

Step 2

① 1.ア 2.ウ 3.エ 4.イ
② 1. assumption　2. maintenance　3. removal　4. intelligence　5. essence

Step 3

1. カ 2. ア 3. ク 4. ウ 5. オ 6. イ 7. キ 8. エ

(和訳) 1. 彼は2つの政党を統合しようとしている。
2. 彼女の母語は韓国語だが，完璧な日本語を話す。
3. 気候変動は水の供給に直接の影響を及ぼす。
4. その2つの村は30マイル離れている。
5. たいていの人はハンバーガーからアメリカの食べ物を連想する。
6. その祭典は4万人を超える来場者を引き寄せた。
7. 彼は莫大な財産を築くことに成功した。
8. 祖父はその2つの戦争を生き抜いた。

Challenge

1. ウ 2. エ 3. ア

(解説) 1. reveal「を明らかにする」(和訳) 見えていなかったものを明らかにするとは，人々がそれを見られるようにあなたが覆いをとるということだ。
2. do not have even a moment「瞬間すらない，わずかな時間もない」(和訳) A：明日は会う時間がありますか。　B：あいにく明日はとても忙しいのです。割ける時間は少しもありません。
3. it takes + 人 + 時間 + to *do*「(人)が…するのに(時間)がかかる」, adjust *oneself* to ～「～に順応する」(和訳) 彼女が新しい環境に慣れるのにとても長い時間がかかった。

Part 1　これだけは覚えたい600語
Section 4-2　単語番号301～400　問題編 p.28

Step 1

① 1. ア 2. イ 3. ア 4. ア 5. ウ 6. ウ 7. イ 8. エ 9. ア
② 1. ク 2. ア 3. ウ 4. ケ 5. イ 6. カ 7. キ 8. エ 9. オ
③ 1. イ 2. イ 3. ア 4. ア 5. イ

Step 2

① 1. ウ 2. エ 3. イ 4. ア
② 1. association 2. success / succession 3. satisfaction
4. observation / observance 5. equality

Step 3

1. エ 2. カ 3. オ 4. ア 5. イ 6. キ 7. ウ 8. ク

和訳 1. 彼女は 70 代前半だと思う。
2. 警察は狙撃事件の容疑者を逮捕することを試みた。
3. 私は地元の人のもてなしに感動した。
4. 資金募集運動に従事することに決めた。
5. 英語教育は国際理解を促進する。
6. いいにおいがするので，私はこの石けんを気に入っている。
7. このセーターをもっと大きいサイズのものと交換したいのですが。
8. 多くの輸送形態が二酸化炭素を排出する。

Challenge

1. ア　2. エ　3. イ

解説 1. in charge of ～「～を担当して，任されて」
2. 仮定法過去完了の文。manage to do「…することをなんとかやり遂げる」**和訳** あなたがいなければ時間までに終えられなかっただろう。
3. seldom「めったに…ない」**和訳** 今では私はめったにテレビを見ず，代わりにたくさんの時間をインターネットを見て過ごす。

Part 1　これだけは覚えたい 600 語
Section 4-3
単語番号301 ～ 400

問題編
p.30

Step 1

① 1. イ　2. ア　3. ア　4. イ　5. ウ　6. イ　7. ア　8. ウ　9. エ
② 1. ア　2. ク　3. エ　4. オ　5. イ　6. キ　7. ウ　8. カ　9. ケ
③ 1. イ　2. ア　3. ア　4. ア　5. イ

Step 2

① 1. エ　2. イ　3. ウ　4. ア
② 1. desirable　2. tasty　3. accessible　4. habitual　5. technical

Step 3

1. エ　2. ア　3. キ　4. ウ　5. ク　6. イ　7. カ　8. オ
和訳 1. 私たちは古くてすり切れたカーペットを新しいものに取り替えた。
2. 80 パーセントの喫煙者が禁煙したがっていることを最近の調査が明らかにした。
3. 多くの物が列車に置き忘れられた。
4. 一瞬の間，彼は沈黙した。
5. 地元住民の貧しさは観光客の裕福さとは対照的だ。
6. 私たちは新しい工場用地を見つけるのに苦労した。
7. 今夜私たちのパーティーに加わりませんか。
8. イルカは人間と同じくらい知能が高いと考える科学者もいる。

13

Challenge

1. イ　2. ウ　3. ウ

解説 1. notwithstanding「〜にもかかわらず」, engage「従事する」 **和訳** 忙しいスケジュールにもかかわらず，新たに雇用した会計士は週末にボランティア活動に従事する。

2. estimate「を見積もる」 **和訳** 合計売上は約 300 万円と見積もられている。

3. be satisfied with 〜「〜に満足している」 **和訳** 何かに満足しているとは，それはあなたが欲していたあるいは必要としていたことなので，うれしく思っているということだ。

Step 1

① 1. ウ　2. ウ　3. ア　4. イ　5. ア　6. ア　7. エ　8. エ　9. エ
② 1. エ　2. ケ　3. ク　4. キ　5. オ　6. イ　7. ウ　8. ア　9. カ
③ 1. イ　2. イ　3. イ　4. ア　5. イ

Step 2

① 1. エ　2. ア　3. イ　4. ウ
② 1. prediction　2. commitment / commission　3. division　4. evolution
　 5. refusal

Step 3

1. ウ　2. キ　3. イ　4. カ　5. オ　6. ク　7. ア　8. エ

和訳 1. 私たちの姪は 1 人で海外旅行をするにはまだ幼すぎる。

2. この新型エンジンはエネルギーを消費する量がずっと少ない。

3. そのファイルを E メールで送っていただけないでしょうか。

4. 風力発電はクリーンだけれども，石炭火力発電は汚染を引き起こす。

5. 彼は花瓶を割ったことを否定しているが，私は彼がしたと思う。

6. その会社は経営者側と労働者側の争いを避けるのに苦労した。

7. その 2 つの生物種は共通の祖先を持っている。

8. 私は交通渋滞のために到着が遅れた。

Challenge

1. イ　2. エ　3. ア

解説 1. acquire knowledge「知識を得る」 **和訳** 人がメディアで得た知識だけを使って他の文化を判断することはよくあることだ。

2. ignore「を無視する」 **和訳** 私はその女の子にほほ笑んだが，彼女は私を無視しただけ

だった。

3. unlike「〜と違って」 (和訳) 兄と違ってジョンは大学に行かなかった。

Step 1

① 1. ア　2. イ　3. イ　4. ウ　5. イ　6. イ　7. ウ　8. エ　9. イ
② 1. エ　2. カ　3. キ　4. オ　5. ク　6. ケ　7. ウ　8. イ　9. ア
③ 1. イ　2. イ　3. ア　4. ア　5. ウ

Step 2

① 1. ア　2. イ　3. エ　4. ウ
② 1. reliance　2. judgment　3. invention　4. confusion　5. scenery

Step 3

1. キ　2. ウ　3. ア　4. エ　5. ク　6. イ　7. カ　8. オ

(和訳) 1. 私は写真を見て，あの楽しかった日々を思い出した。
2. 教師は生徒を 4 つのグループに分けた。
3. 彼は現金で支払うことを拒んだ。
4. その慣習は古代ローマに起源がある。
5. 車が所有者の社会的地位を表すこともある。
6. 選挙で投票するのは我々市民の義務だ。
7. 誤った情報がインターネット上で急速に広がった。
8. 彼らは独自にその問題を調べた。

Challenge

1. エ　2. ウ　3. エ

(解説) 1. vary「多様である」 (和訳) 中古車の値段は状態によってさまざまだ。
2. remind *A* of *B*「A に B を思い出させる」 (和訳) 出かける 5 分前に私に時間を知らせてください。
3. worth「価値のある」 (和訳) 最近，古いテレビゲームの中には，特に状態がよい場合，大金の価値があるものもある。

Step 1

① 1.ウ 2.ア 3.ア 4.エ 5.エ 6.エ 7.エ 8.ウ 9.ウ
② 1.キ 2.エ 3.ウ 4.オ 5.ケ 6.ア 7.カ 8.イ 9.ク
③ 1.イ 2.ア 3.ア 4.イ 5.ウ

Step 2

① 1.イ 2.ア 3.エ 4.ウ
② 1. racial 2. progressive 3. voluntary 4. revolutionary 5. poor

Step 3

1.カ 2.ア 3.キ 4.イ 5.オ 6.ク 7.エ 8.ウ

和訳 1. 携帯メールがより楽しいものになるように，彼らは絵文字を発明した。
　　 2. 私の会社は多くの種類の商品を製造している。
　　 3. 死刑をめぐる論争が再び加熱している。
　　 4. 妻は先月私たちの第 1 子を出産した。
　　 5. その写真家はシカの足跡を追って森に入った。
　　 6. この地域には多様な文化的背景を持つ人々が暮らしている。
　　 7. 親はしばしば子供に，よい成績を取ったことに対する褒美を与える。
　　 8. その事故は彼の不注意運転の結果だった。

Challenge

1.ウ 2.イ

解説 1. trust *A* with *B*「A に B を（信頼して）任せる」
　　 2. expand *A* into *B*「A を B に拡大する」 和訳 その会社はアジアに市場を拡大しようとした。

Step 1

① 1.イ 2.エ 3.イ 4.ア 5.ア 6.エ 7.ウ 8.エ 9.エ
② 1.カ 2.ア 3.エ 4.イ 5.ク 6.ケ 7.オ 8.ウ 9.キ
③ 1.イ 2.イ 3.イ 4.イ 5.ア

Step 2

① 1. イ 2. エ 3. ウ 4. ア
② 1. perception 2. conclusion 3. behavior 4. preservation 5. eagerness

Step 3

1. オ 2. エ 3. ウ 4. ア 5. イ 6. ク 7. キ 8. カ

和訳 1. 絶え間ない努力によってチームは優勝することができた。
  2. 私は近くの川によく釣りに行く。
  3. 彼は世界経済についての講義を行った。
  4. 彼の音楽は年配の世代の心に訴えかける。
  5. その会社は新しい工場を建設する余裕がない。
  6. 私は新しいソフトウエアを操作する方法を学びたい。
  7. 我々は違う観点からその問題に取りかかるべきだ。
  8. 私は彼女の気持ちを傷つけないように慎重に言葉を選んだ。

Challenge

1. ウ 2. イ 3. イ

解説 1. locate「(場所など) を突き止める」**和訳** 望遠鏡を使って簡単に位置を突き止められる星がたくさんある。
  2. insight into ～「～への洞察 (力)」**和訳** これは人間性への洞察をたくさんしている興味深い本だ。
  3. be capable of *doing*「…する能力がある」**和訳** 彼にはその実験を実行する能力がある。

Part 1 これだけは覚えたい 600 語
Section 6-2 単語番号 501 ～ 600 問題編 p.40

Step 1

① 1. エ 2. エ 3. エ 4. エ 5. ア 6. ウ 7. エ 8. イ 9. イ
② 1. エ 2. イ 3. ア 4. ケ 5. ク 6. オ 7. キ 8. ウ 9. カ
③ 1. ア 2. ア 3. ア 4. ア 5. イ

Step 2

① 1. electric / electrical / electronic 2. wealthy 3. profitable
  4. capable 5. symbolic
② 1. distance 2. invitation 3. operation 4. will / willingness
  5. recommendation

Step 3

1. ク 2. オ 3. イ 4. カ 5. キ 6. ウ 7. ア 8. エ

和訳 1. 今日の講義は私には退屈だった。
2. 大統領は 2 期目に立候補すると発表した。
3. 彼らはその現象についてもっと知るために調査を行った。
4. 私たちは新会員のために歓迎会を主催するつもりです。
5. 彼女は探検中にホッキョクグマに遭遇した。
6. 彼は自分の最初の計画に固執した。
7. 突然，彼はその書類をずたずたに引き裂いた。
8. その川は私たちの町を通って海へ流れる。

Challenge

1. ア 2. イ 3. イ

解説 1. borrow *A* from *B*「AをBから借りる」**和訳** A：忘れずにペンを持って来ましたか。
B：いいえ，忘れました。あなたから 1 本借りてもいいですか。
2. disaster「災害，災難」**和訳** 災害とは，飛行機の墜落などのとてもひどい事故のこと
で，特にたくさんの死者が出る場合を指す。
3. constant「絶え間ない」**和訳** 講堂には絶え間なく訪問者が入っていった。／アメリ
アは攻撃されるかもしれないという絶え間ない恐怖の中で生きていた。

Step 1

① 1. イ 2. ウ 3. イ 4. ウ 5. エ 6. ア 7. エ 8. ア 9. ウ
② 1. イ 2. オ 3. ア 4. ク 5. カ 6. エ 7. ウ 8. キ 9. ケ
③ 1. イ 2. ア 3. イ 4. イ 5. イ

Step 2

① 1. disappointment 2. announcement 3. advertisement / advertising
4. delivery 5. participation
② 1. affordable 2. sticky 3. critical 4. disastrous 5. atmospheric

Step 3

1. エ 2. キ 3. カ 4. ア 5. ウ 6. イ 7. オ 8. ク

和訳 1. 私にはそんな高い車を購入する余裕はない。
2. 私は投入口に硬貨を入れ，ボタンを押した。

3. 時に，よい隣人はよい友人になる。
4. 事故後に電車には大幅な遅れが出ている。
5. 喫煙は肺癌<ruby>癌<rt>がん</rt></ruby>の主な原因と言われている。
6. 彼は莫大<ruby>莫大<rt>ばくだい</rt></ruby>な富があるにもかかわらず不幸だった。
7. 私たちはその狭い通りを注意深く車で走り抜けた。
8. その医師は患者に毎日軽い運動をするように勧めた。

Challenge

1. ウ　2. エ　3. エ

解説 1. preserve「を保護する」**和訳** 骨を保護し，さらなる損傷を防ぐために，化学薬品を特別に混ぜ合わせたものが使われる。

2. be eager to *do*「…することを熱望している」**和訳** 何かをすることや手にすることを熱望するとき，あなたはとてもそれをしたいあるいは手にしたいと思っている。

3. tough「頑丈な」**和訳** 母はあまりにも硬かったのでそのステーキが気に入らなかった。

Part 2　さらに実力を伸ばす 500 語
Section 7-1
単語番号 601 〜 700

問題編
p.46

Step 1

① 1. ウ　2. イ　3. ア　4. ウ　5. ウ　6. イ　7. エ　8. ア　9. エ
② 1. イ　2. ア　3. キ　4. ウ　5. オ　6. カ　7. ケ　8. ク　9. エ
③ 1. イ　2. イ　3. ア　4. ア　5. ア

Step 2

① 1. ウ　2. ア　3. イ　4. エ
② 1. insistence　2. anxiety　3. hatred　4. exposure　5. emphasis

Step 3

1. カ　2. ク　3. キ　4. イ　5. ア　6. ウ　7. オ　8. エ

和訳 1. 実際の状況は我々の予想とかなり異なる。
2. 大統領はその地域に軍隊を送ることを決めた。
3. 委員全員が彼女の提案に賛成した。
4. その食の傾向は広範囲にわたる肥満を引き起こしている。
5. 優れた教師は生徒を学び続けるよう奮起させる。
6. その政治スキャンダルが選挙の結果に影響を及ぼした。
7. 彼は成功したことで，たくさんの自信を得た。
8. これらの作物はやせた土壌では育たない。

Challenge

1. ア　2. エ　3. エ

解説 1. annual「年1回の」 **和訳** 年に一度の郡祭りが今週末に開催される。
2. sensitive「敏感な」 **和訳** ジュディはとても敏感な子供だったので，たやすく気が動転した。
3. settle in「慣れる」 **和訳** 彼女は東京の新しい会社に慣れたようだ。

Part 2　さらに実力を伸ばす500語		問題編
🚗 **Section 7-2**	単語番号601〜700	**p.48**

Step 1

① 1. イ　2. イ　3. ア　4. ウ　5. ウ　6. ア　7. イ　8. エ　9. ア
② 1. ア　2. オ　3. ケ　4. キ　5. イ　6. エ　7. ク　8. カ　9. ウ
③ 1. イ　2. ア　3. ア　4. イ　5. ア

Step 2

① 1. イ　2. ウ　3. エ　4. ア
② 1. intention　2. arrangement　3. absorption　4. consciousness
　　5. sense / sensitivity

Step 3

1. カ　2. キ　3. エ　4. ク　5. ア　6. イ　7. オ　8. ウ

和訳 1. 彼は法廷に出るよう命じられた。
2. 私は両親を説得して留学させてもらった。
3. その地域の人々は多くの言語を話す。
4. 彼らは私をそのミスのことで厳しく非難した。
5. 私は遺伝子組み換え食品の輸入には断固反対する。
6. 先週の雪はその都市を違った世界に変えた。
7. ポリネシア人がずっと昔にハワイに住みついたと考えられている。
8. その新しい車はデザインが前の型と大きく異なる。

Challenge

1. イ　2. イ　3. ウ

解説 1. blame *A* for *B*「*B*のことで*A*を責める」，in good faith「誠意をもって」
　　和訳 会談は，双方とも相手側を誠意をもって交渉していないと非難し，決裂した。
2. extend「を広げる，伸ばす」，swollen river「増水した川」 **和訳** その男の子を救出するために，救助チームは増水した川にロープを渡さなければならなかった。

3. regret that ... 「…ということを残念に思う」(和訳) 私たちはプロジェクトを金曜日までに終わらせる計画だったが，残念ながらそうできないだろう。

Step 1

① 1. ウ　2. イ　3. ア　4. ア　5. エ　6. ウ　7. ウ　8. イ　9. イ
② 1. イ　2. ア　3. ク　4. エ　5. キ　6. オ　7. ケ　8. カ　9. ウ
③ 1. ア　2. ア　3. イ　4. イ　5. ア

Step 2

① 1. ウ　2. ア　3. イ　4. エ
② 1. favorite / favorable　2. consistent　3. suitable　4. tribal　5. religious

Step 3

1. ウ　2. キ　3. ク　4. カ　5. エ　6. ア　7. オ　8. イ
(和訳) 1. 先生は宿題を怠ったことで彼を責めた。
2. そのデータは慎重に扱わなければならない。
3. 彼は馬を木に結び付けた。
4. 私は彼にあんな失礼なことを言ってしまって後悔している。
5. 聴衆は彼女の音楽に夢中になった。
6. 大統領は移住を規制することを望んでいる。
7. 私たちはその問題について何度か話し合った。
8. 彼女は委員会のメンバーになる打診を受けた。

Challenge

1. keep me informed of whatever　2. イ　3. ア
(解説) 1. inform *A* of *B* 「A に B を知らせる」。不要語は tell。
2. expose 「をさらす」(和訳) 徒歩通勤や自転車通勤は，自動車通勤ほど人を大気汚染にさらさないことを示す十分な証拠がある。
3. contribute to 〜 「〜に貢献する」(和訳) 彼のビジネスでの成功には，才能だけでなく努力も貢献した。

Step 1

① 1. ウ　2. ウ　3. ウ　4. エ　5. ア　6. イ　7. ア　8. イ　9. ア
② 1. キ　2. カ　3. オ　4. ケ　5. ク　6. エ　7. ウ　8. ア　9. イ
③ 1. ア　2. ウ　3. イ　4. ウ　5. イ

Step 2

① 1. エ　2. イ　3. ウ　4. ア
② 1. confirmation　2. discouragement　3. recovery　4. reaction　5. comfort

Step 3

1. キ　2. カ　3. ウ　4. エ　5. イ　6. オ　7. ア　8. ク
和訳 1. 私どもは社内での就業時間について柔軟な対応が可能です。
　　　 2. 人間は抽象的な思考を行える唯一の動物だ。
　　　 3. 私にはチームメートに対する絶対的な信頼がある。
　　　 4. 郵便配達員は天候に関係なく毎日郵便物を配達する。
　　　 5. 科学者がその森で恐竜の化石を発見した。
　　　 6. 私たちは言葉の壁を乗り越えるのに苦労した。
　　　 7. これらのウェブサイトは若者に大きな害を及ぼすだろう。
　　　 8. ご注文の品は一時的に在庫切れです。

Challenge

1. イ　2. ア　3. ア
解説 1. power shortage「電力不足」**和訳** 今年の夏，日本では電力不足に対する懸念が増大している。
　　　 2. accurate「正確な」，weather forecast「天気予報」**和訳** 正確な天気予報の経済的利点は，ほとんどの人が考えているよりもはるかに大きい。
　　　 3. abandon「を捨てる」**和訳** その犬は飼い主に捨てられていたので，私たちは住む場所を与えてあげることにした。

Step 1

① 1. ア　2. ウ　3. エ　4. エ　5. ア　6. エ　7. ア　8. イ　9. ウ

② 1. イ 2. エ 3. ウ 4. ケ 5. ア 6. キ 7. ク 8. オ 9. カ
③ 1. イ 2. イ 3. イ 4. ア 5. ア

Step 2

① 1. エ 2. ア 3. ウ 4. イ
② 1. disturbance 2. embarrassment 3. investment 4. stability
5. aggression

Step 3

1. ウ 2. イ 3. カ 4. キ 5. オ 6. ア 7. ク 8. エ
和訳 1. インドは綿花を中国へ輸出する。
2. 彼女は首を横に振り，ため息をついた。
3. 彼女は腕に赤ん坊を抱いている。
4. 火災報知機が鳴ったが，煙も炎も見えなかった。
5. 労働組合がストライキに入りそうだ。
6. コレステロールは血中に見られる脂肪性の物質だ。
7. 私は学校に何らかの服装規定があるべきだと思う。
8. 彼女は両親に丁寧な言葉遣いで話す。

Challenge

1. ア 2. エ 3. kept us comfortable while we worked
解説 1. prohibit ~ from *doing*「~（人）が…するのを禁止する」和訳 その博物館では新しい規則により，来館者が建物内で喫煙することが禁じられた。
2. confirm「を確認する，保証する」和訳 私の席は確定していたのに，航空会社がそれを他の誰かに与えた。
3. comfortable「心地よい，快適な；心地よく感じる」。不要語は during。

Part 2　さらに実力を伸ばす 500 語
Section 8-3　単語番号 701 ~ 800　問題編 p.56

Step 1

① 1. エ 2. ア 3. ア 4. ウ 5. エ 6. イ 7. エ 8. エ 9. ア
② 1. カ 2. イ 3. ク 4. ケ 5. ア 6. キ 7. エ 8. オ 9. ウ
③ 1. ア 2. イ 3. イ 4. ア 5. ア

Step 2

① 1. ウ 2. エ 3. ア 4. イ
② 1. shaky 2. harmful 3. substantial 4. mysterious 5. primary

Step 3

1. ク　2. カ　3. ア　4. イ　5. オ　6. キ　7. ウ　8. エ

和訳 1. 彼は事務所の壁にその絵を掛けた。
2. その記事はウェブ上で読める。
3. 心臓は生命に不可欠な臓器の1つだ。
4. 彼は陸軍に入隊して戦争に参加した。
5. 大きなストレスは深刻なうつ病につながることがある。
6. その会社は工場に原料を供給する。
7. 彼とは短い会話を交わしただけだった。
8. その老人は分厚いレンズの眼鏡をかけていた。

Challenge

1. エ　2. to overcome but you can

解説 1. edge「へり，端」**和訳** ホームの端から下がっていなさい。
2. overcome「を打ち破る，克服する」。不要語は do。

Part 2　さらに実力を伸ばす500語

Section 9-1　単語番号801〜900　問題編 p.58

Step 1

① 1. ア　2. エ　3. イ　4. ウ　5. ウ　6. ア　7. ウ　8. ア　9. エ
② 1. ウ　2. キ　3. エ　4. ケ　5. ク　6. カ　7. イ　8. オ　9. ア
③ 1. イ　2. イ　3. ア　4. イ　5. イ

Step 2

① 1. エ　2. ウ　3. イ　4. ア
② 1. suspicion　2. pursuit　3. security　4. apology　5. distinction

Step 3

1. イ　2. ク　3. ウ　4. エ　5. ア　6. オ　7. カ　8. キ

和訳 1. 私は夏休みの間に臨時の仕事をした。
2. 私は買い物をするときは国内の製品を選ぶようにしている。
3. もっと保護対策が講じられないと，これらの動物は絶滅してしまうだろう。
4. 科学者は自分の知識を邪悪な目的に使ってはならない。
5. 教授の1人が私に大学院に出願するよう熱心に勧めた。
6. その飲料の銘柄が市場を支配した。
7. シングルルームを2泊予約したいのですが。

8. もしかするとその新しい法律は流れを逆転させるかもしれない。

Challenge

1. イ　2. ア　3. ア

解説 1. borrow「を（無料で）借りる」，lend「（人）に（物）を貸す」，rent「を賃借りする」 **和訳** 彼の姉は彼にお金をいくらか貸した。

　　 2. client「（弁護士などへの）依頼人」 **和訳** その弁護士の任務は，依頼人と陪審の間に理解の架け橋を築くことである。

　　 3. rational「理性のある」，hate speech「ヘイトスピーチ」 **和訳** 理性的な人がそのようなヘイトスピーチに納得するはずがない。

Part 2　さらに実力を伸ばす 500 語
Section 9-2　単語番号 801 〜 900　問題編 p.60

Step 1

① 1. ウ　2. イ　3. イ　4. エ　5. ウ　6. ウ　7. ア　8. ウ　9. イ
② 1. ウ　2. ケ　3. カ　4. ク　5. ア　6. イ　7. エ　8. オ　9. キ
③ 1. ア　2. ア　3. ア　4. イ　5. イ

Step 2

① 1. イ　2. ア　3. ウ　4. エ
② 1. urgent　2. reversible　3. colonial　4. obese　5. ceremonial

Step 3

1. ク　2. ウ　3. イ　4. キ　5. カ　6. エ　7. オ　8. ア

和訳 1. 酢は寿司を作る際に必要な材料だ。
　　 2. その会社は借金を完済するのに苦労している。
　　 3. 私たちはその国が民主主義に向かうことを期待している。
　　 4. 彼は 100 年前，私立の教育機関を設立した。
　　 5. 彼はどんな問題も解決できるという考えを持っているようだ。
　　 6. 多くの人が幸せは外的要因によるものだと思っている。
　　 7. やっとのことで到着すると，私はトイレに急いで行った。
　　 8. 彼の言葉によるメッセージを理解するためによく聞きなさい。

Challenge

1. ウ　2. devote himself to his writing

解説 1. doubt that ...「…ではないと思う」，suspect that ...「…ではないかと思う」，wonder that ...「…ということに驚く」

2. devote *oneself* to ～「～に専念する」。不要語は him。

🚙 Section 9-3 　単語番号801 ～ 900　問題編 p.62

Step 1

① 1. エ 2. ウ 3. イ 4. イ 5. エ 6. イ 7. ウ 8. イ 9. ウ
② 1. オ 2. キ 3. イ 4. ア 5. ケ 6. エ 7. ウ 8. ク 9. カ
③ 1. ウ 2. ア 3. ア 4. ア 5. ア

Step 2

① 1. ウ 2. エ 3. ア 4. イ
② 1. dominant　2. convertible　3. hungry　4. democratic　5. hypothetical

Step 3

1. カ 2. キ 3. ウ 4. オ 5. ア 6. イ 7. エ 8. ク
和訳 1. 面積を計算するには，横の長さに縦の長さを掛ければよい。
2. 私はその作家の文学的才能に感嘆した。
3. 科学者たちは1億年前に生息していた鳥の化石を掘り出した。
4. 彼は集団療法を受けている。
5. 50か国の代表がその国際会議に出席した。
6. 朝食前にジョギングをするのが私の日々の日課だ。
7. 従来の薬剤はその患者らの助けにならなかった。
8. その高層ビルは遠くからはっきりと見える。

Challenge

1. エ 2. イ
解説 1. launch「（ロケットなど）を発射する」，work「機能する」**和訳** その人工衛星は，2年前に打ち上げられて以来ずっと機能している。
2. owe *A* to *B*「A は B のおかげである」

🚙 Section 10-1 　単語番号901 ～ 1000　問題編 p.64

Step 1

① 1. イ 2. ア 3. エ 4. ア 5. ウ 6. ア 7. ウ 8. エ 9. イ
② 1. ケ 2. キ 3. オ 4. ク 5. ウ 6. カ 7. エ 8. ア 9. イ

③ 1. イ 2. イ 3. イ 4. ア 5. ア

Step 2

① 1. ア 2. エ 3. ウ 4. イ
② 1. utterance 2. modesty 3. approval 4. stupidity 5. correspondence

Step 3

1. イ 2. オ 3. ク 4. カ 5. エ 6. キ 7. ウ 8. ア
和訳 1. 彼女が病気なのは明らかだ。
2. 『ガリバー旅行記』は第一級の小説だ。
3. その遠く離れた砂漠にはヘリコプターでしか到達できない。
4. 私は今，微熱がある。
5. 彼は会議中にその書類を配布した。
6. 心臓は人間の生命を維持する極めて重要な器官だ。
7. 私が不満なのは，彼がいつも私を無視することだ。
8. そのドアを閉めていただけますか。

Challenge

1. ウ 2. イ 3. would like it wrapped
解説 1. resemble「に似ている」（他動詞），in many respects「多くの点で」**和訳** その
小さな男の子は父親に多くの点で似ている。
2. (a) means of ～「～の手段」**和訳** 彼らは交通手段がなくて困っていた。
3. wrap「を包む，包装する」

Part 2　さらに実力を伸ばす 500 語
Section 10-2 単語番号 901 ～ 1000

問題編
p.66

Step 1

① 1. エ 2. ウ 3. ア 4. エ 5. エ 6. イ 7. ア 8. ア 9. イ
② 1. カ 2. イ 3. キ 4. ウ 5. ア 6. エ 7. ク 8. オ 9. ケ
③ 1. ア 2. ウ 3. ア 4. ア 5. ア

Step 2

① 1. エ 2. ア 3. イ 4. ウ
② 1. declaration 2. resemblance 3. occupation 4. generosity
5. loneliness

Step 3

1. エ　2. ク　3. オ　4. キ　5. ア　6. ウ　7. イ　8. カ

和訳 1. 彼はわからないと言った。
2. 大尉は部下に敵を攻撃するよう命じた。
3. 彼は職務を怠ったことで非難された。
4. その建物は自らの重さに耐えられず倒壊した。
5. 彼は税金として多額の金を払った。
6. 彼らは敵の領土を占拠した。
7. 彼らは化学兵器の使用に抗議している。
8. 観覧者は入場料を支払うことが必要です。

Challenge

1. read a novel of average length　2. ウ　3. イ

解説 1. average length「平均的な長さ」
2. height「高さ」，according to ～「～によると」**和訳** エベレスト山の高さは，最新の信頼できるデータによると，29,035 フィートだ。
3. remote「遠く離れた」，steep「急峻な」**和訳** その遠く離れた山岳地帯はリラックスするのに打ってつけだった。

Part 2　さらに実力を伸ばす 500 語
Section 10-3　単語番号 901 ～ 1000　　問題編 **p.68**

Step 1

① 1. エ　2. ア　3. ウ　4. ア　5. エ　6. エ　7. ウ　8. イ　9. ア
② 1. ケ　2. キ　3. イ　4. ウ　5. エ　6. オ　7. ア　8. ク　9. カ
③ 1. イ　2. イ　3. ア　4. ア　5. ア

Step 2

① 1. イ　2. ウ　3. ア　4. エ
② 1. remarkable　2. sustainable　3. long　4. high　5. incidental

Step 3

1. キ　2. カ　3. ア　4. ク　5. エ　6. ウ　7. イ　8. オ

和訳 1. 私たちは製品を評価するためにいくつかの検査を行う。
2. 私たちの上司はその計画に賛成しなかった。
3. 私は目標を達成するため一生懸命に努力している。
4. 私たちは太陽からエネルギーを得ている。

5. 私はその絵を金属製の額縁に入れた。

6. その像は広場の中心に立っている。

7. ウサギがわなにかかった。

8. 彼女はとても恥ずかしがりなので誰にも話しかけることができない。

Challenge

1. イ　2. ウ　3. エ

解説 1. attribute *A* to *B*「A(結果) を B のせい［おかげ］と考える」**和訳** 政府は国内の労働環境が向上したのは，長期の労働組合運動のおかげだとしている。

2. deserve「に値する」**和訳** そのグループは素晴らしい演技を見せたので 1 等賞に値すると全審査員が同意した。

3. persist (in ～)「(～に) 固執する」，resist「に抵抗する」**和訳** 何十年もの研究を経ても，アルツハイマーのような病気はいまだに治療に抗う［完全には治らない］。

Part 2　さらに実力を伸ばす 500 語
Section 11-1 単語番号 1001 ～ 1100
問題編 p.70

Step 1

① 1. ウ　2. イ　3. ウ　4. イ　5. エ　6. エ　7. エ　8. イ　9. イ

② 1. キ　2. カ　3. イ　4. オ　5. ク　6. ケ　7. ア　8. エ　9. ウ

③ 1. ウ　2. イ　3. ア　4. ア　5. ア

Step 2

① 1. エ　2. ア　3. イ　4. ウ

② 1. entertainment　2. amusement　3. excess　4. defense　5. resolution

Step 3

1. ウ　2. ク　3. イ　4. オ　5. キ　6. ア　7. エ　8. カ

和訳 1. 彼女はスペイン語の流ちょうな話し手だ。

2. その家の居間は貴重な美術作品で飾られていた。

3. 手話は耳の不自由な人が使う言語だ。

4. 北極海は 1 年の大半は凍っている。

5. 彼は映画を作るためにその民話を一部作り変えた。

6. 彼女は壁に寄りかかった。

7. 彼は政敵を攻撃し続けた。

8. 彼は銀行強盗の罪で刑務所送りになった。

Challenge

1. ウ　2. ウ

解説 1. social justice「社会正義」**和訳** 多数の人々が平等の権利と社会正義を要求してきた。
2. get rid of ～「～を取り除く」**和訳** ストレスを取り除くよい方法は，それを引き起こす具体的な状況を特定することだ。

Step 1

① 1. ア　2. エ　3. エ　4. エ　5. エ　6. エ　7. ウ　8. エ　9. イ
② 1. イ　2. エ　3. キ　4. ク　5. カ　6. ケ　7. ア　8. ウ　9. オ
③ 1. ウ　2. ア　3. イ　4. ウ　5. イ

Step 2

① 1. ウ　2. イ　3. ア　4. エ
② 1. fulfillment　2. confrontation　3. interference　4. punishment
5. modification

Step 3

1. ア　2. キ　3. イ　4. エ　5. オ　6. ウ　7. ク　8. カ

和訳 1. 貧困は子供から教育の機会を奪う。
2. 彼は子供がおぼれかけているのを救った。
3. ネコがネズミを追いかけていた。
4. 私は自分で祖母の古い家を修復した。
5. 私は原稿を編集者に提出した。
6. 卵はタンパク質が豊富だ。
7. 彼は世界一周の航海に出発した。
8. 彼女は年齢の割に驚くほど大人びて見える。

Challenge

1. ウ　2. don't we go and cheer him up　3. eye for an eye only ends up making the whole world blind

解説 1. be composed of ～「～で構成されている」**和訳** A：委員会のメンバーは誰なの？
B：主に弁護士で構成されているよ。
2. cheer ～ up / cheer up ～「～を励ます，元気づける」
3. blind「目が見えない；気づかない」

Section 11-3 　単語番号1001〜1100　問題編 p.74

Step 1

1. 1.エ　2.ア　3.エ　4.ア　5.イ　6.エ　7.ア　8.ア　9.ア
2. 1.ア　2.オ　3.カ　4.キ　5.ウ　6.ク　7.イ　8.ケ　9.エ
3. 1.ウ　2.ア　3.イ　4.ウ　5.ア

Step 2

1. 1.ウ　2.ア　3.エ　4.イ
2. 1. cheerful　2. poisonous　3. global　4. enthusiastic　5. fortunate

Step 3

1.ウ　2.ア　3.オ　4.ク　5.キ　6.カ　7.エ　8.イ

(和訳) 1. 白い雲が空に浮かんでいる。
2. この教育プログラムは読み書き能力を高めることを目指す。
3. 私は深い谷を見下ろした。
4. 彼はおもしろい顔をして子供たちを笑わせた。
5. 成功に対する一番大きな障害は間違うことへの恐れだ。
6. 彼はコンピューターサイエンスの先駆者だった。
7. その技術は社会に根本的な変化をもたらした。
8. 彼は目の不自由な人が本を読むのを手伝う。

Challenge

1.エ　2. can deprive you of your freedom to act

(解説) 1. shelter「避難所；収容所」(和訳) 公園の近くに動物保護施設が開設された。
2. deprive A of B「AからBを奪う」

Section 12-1 　単語番号1101〜1200　問題編 p.78

Step 1

1. 1.ウ　2.ウ　3.イ　4.エ　5.ア　6.ウ　7.イ　8.エ　9.エ
2. 1.イ　2.エ　3.ケ　4.ウ　5.ク　6.カ　7.オ　8.ア　9.キ
3. 1.イ　2.イ　3.イ　4.ア　5.ア

Step 2

① 1. ウ　2. ア　3. イ　4. エ
② 1. reinforcement　2. hesitation　3. disposal / disposition
　　4. bravery　5. urgency

Step 3

1. ウ　2. カ　3. オ　4. ク　5. ア　6. イ　7. エ　8. キ
和訳 1. そのプールは飛び込むには浅すぎる。
　　2. 彼は若者にとてつもない影響力がある。
　　3. 何時間もじっと座っているのは退屈だ。
　　4. 我々は薬物乱用に関する教育を行わなければならない。
　　5. ボランティアが道端の散らかったごみを片付けた。
　　6. 私は望遠鏡ではるかかなたの銀河を観察する。
　　7. 少数民族に対する差別がいまだに存在する。
　　8. 彼女にはとてもよいユーモアのセンスがある。

Challenge

1. エ　2. ア　3. achieved his ambition of competing in the
解説 1. dispute *A* with *B*「AについてBと論争する」**和訳** 私は警察官と速度違反切符について論争した。
　　2. comprehend「を理解する」**和訳** 私は彼が言っていることを何も理解できなかった。彼は英語で話していたのだろうか。
　　3. achieve *one's* ambition「～の野望を達成する」

Part 3　ここで差がつく300語
Section 12-2 単語番号 1101 ～ 1200 　問題編 **p.80**

Step 1

① 1. イ　2. ウ　3. エ　4. ア　5. ア　6. エ　7. ウ　8. ウ　9. ウ
② 1. ケ　2. ク　3. カ　4. イ　5. ア　6. ウ　7. オ　8. エ　9. キ
③ 1. イ　2. イ　3. ア　4. ア　5. イ

Step 2

① 1. イ　2. ウ　3. エ　4. ア
② 1. obedient　2. continental　3. wise　4. ambitious　5. instinctive

Step 3

1. ウ 2. ア 3. キ 4. イ 5. カ 6. オ 7. エ 8. ク

和訳 1. 私はきっとあなたがそれを気に入ると思う。
2. 彼は自分勝手な振舞いをした。
3. 18 チームがそのリーグを構成している。
4. 私たちは暴力に訴えてはならない。
5. 若くして死ぬことが彼の運命だった。
6. この地域は地元の人たちに神聖な場所と見なされている。
7. その美しい眺めは運転手の注意をそらしてしまうことがある。
8. 彼らは次の水曜日まで会議を延期することに決めた。

Challenge

1. her guidance and faith in　2. ア　3. ウ

解説 1. thank *A* for *B*「A に B のことで感謝する」, faith「信頼」
2. grasp「をぎゅっとつかむ」, so as not to *do*「…しないように」**和訳** 私はヨットから海に落ちないように, 結び目のあるロープを両手できつく握った。
3. superficial「表面的な」**和訳** 地震はかなりひどいものだったが, これらの建物は表面が損傷しただけだった。

Part 3　ここで差がつく 300 語		問題編
Section 12-3 単語番号 1101 〜 1200		**p.82**

Step 1

① 1. イ 2. エ 3. イ 4. イ 5. ウ 6. イ 7. イ 8. ウ 9. ウ
② 1. イ 2. ケ 3. エ 4. キ 5. ア 6. ク 7. カ 8. オ 9. ウ
③ 1. ア 2. イ 3. イ 4. ア 5. ウ

Step 2

① 1. イ 2. ウ 3. ア 4. エ
② 1. inhabit 2. furnish 3. tighten 4. sympathize 5. discriminate

Step 3

1. ア 2. ウ 3. キ 4. ク 5. イ 6. オ 7. カ 8. エ

和訳 1. 私はその問題について弁護士に意見を求めた。
2. 私はそのお金を慈善事業に寄付した。
3. 彼はアプリを立ち上げるために画面をタップした。
4. 地球の核は大部分は鉄であると信じられている。

5. 会員はすべてのこれらの特典を享受することができる。

6. 彼女は子供に優しい。

7. 私たちはあなたの迅速な返答に感謝します。

8. 彼女は経済学の分野で精力的な人物だ。

Challenge

1. ウ　2. ウ　3. for treating infections that are resistant

解説 1. in a row「続けて」

2. Please don't hesitate to *do*「遠慮なく…してください」**和訳** 私に何かできることがあれば遠慮なく聞いてください。

3. treat infections「伝染病［感染症］を治療する」

Part 3　ここで差がつく 300 語

🚗 **Section 13-1** 単語番号 1201 〜 1300　問題編 **p.84**

Step 1

① 1. ウ　2. エ　3. エ　4. ウ　5. ウ　6. ウ　7. エ　8. ウ　9. ア

② 1. エ　2. ウ　3. ク　4. イ　5. ケ　6. オ　7. カ　8. キ　9. ア

③ 1. ア　2. イ　3. ア　4. ア　5. イ

Step 2

① 1. ア　2. エ　3. イ　4. ウ

② 1. decoration　2. exaggeration　3. deceit / deception　4. appointment
5. indifference

Step 3

1. ウ　2. カ　3. キ　4. ア　5. イ　6. ク　7. エ　8. オ

和訳 1. 彼女はハロウィーンパーティーのために不格好な服装をしている。

2. よい友人関係は相互に敬意を示すことに基づいている。

3. 人口が徐々に減少している。

4. その戦いで多くの血が流された。

5. 人々は銃声を聞いて恐怖で叫び声を上げた。

6. 先生，せきが出ていて熱もあります。

7. 彼らは授業後に床を掃除する。

8. 大きな音を立てて風船が破裂した。

Challenge

1. イ　2. イ　3. I'm not accustomed to having things like that said to

1. at a glance「ちらりと見ただけで」 教師はちらりと見ただけで状況を理解し、すぐに問題を解決した。

2. fee「料金，授業料」，fare「運賃」，fine「罰金」 日本では電車やバスの運賃を支払うのに IC カードを利用することができる。

3. be accustomed to ～「～に慣れている」

Step 1

① 1. ア　2. エ　3. ア　4. エ　5. エ　6. エ　7. イ　8. ウ　9. ア
② 1. キ　2. カ　3. オ　4. エ　5. イ　6. ウ　7. ク　8. ケ　9. ア
③ 1. イ　2. ア　3. ア　4. イ　5. ア

Step 2

① 1. イ　2. ウ　3. ア　4. エ
② 1. explosion / explosive　2. exploitation　3. suspension / suspense
4. cruelty　5. tension

Step 3

1. オ　2. エ　3. イ　4. キ　5. カ　6. ア　7. ウ　8. ク

1. 春に桜の木は開花する。
2. 私たちは部品をある商人から買った。
3. 私は手荷物は 1 つしか持っていません。
4. 雷鳴の前に稲妻の光があった。
5. 私は彼の話を信じたい。
6. 製品の生産量が 5 パーセント増加した。
7. 次の授業までに第 6 章を読んできてください。
8. その地域の人々は深刻な飢饉（ききん）に苦しんでいる。

Challenge

1. didn't sound ashamed of himself　2. エ

1. ashamed of ～「～を恥じて」。不要語は apologize。
2. mutual「相互の」 お互いへの愛情や敬意がうまくいく人間関係のかぎだ。

Step 1

① 　1. ア　2. イ　3. ア　4. ア　5. ア　6. ウ　7. イ　8. イ　9. ウ
② 　1. ウ　2. イ　3. ク　4. ア　5. エ　6. ケ　7. オ　8. カ　9. キ
③ 　1. ウ　2. ア　3. イ　4. ア　5. ア

Step 2

① 　1. エ　2. ウ　3. ア　4. イ
② 　1. horizontal　2. statistical　3. tolerant　4. luxurious　5. famous

Step 3

1. ク　2. カ　3. イ　4. ウ　5. キ　6. オ　7. エ　8. ア
（和訳）1. 彼はハワイに向けて航海に出た。
　　　　2. その動物は明け方に最も活動的だ。
　　　　3. 彼女にはすべての人を幸せにするすばらしい才能がある。
　　　　4. ことわざにあるとおり，「時は金なり」だ。
　　　　5. 小作農たちは生きていくために十分な作物の収穫が必要だ。
　　　　6. 彼女は英語の勉強にとても熱中している。
　　　　7. 新製品は以前の製品よりもずっと優れている。
　　　　8. 科学技術は農業に新たな一面を加えた。

Challenge

1. エ　2. イ
（解説）1. ridiculous「ばかげた」（和訳）彼はエイリアンに連れていかれたと言っているが，誰も
　　　　そんなばかげた話は信じていない。
　　　　2. be indifferent to ～「～に無関心である」（和訳）私は学生時代，時事問題に注意を
　　　　払わなかった。≒私は学生時代，時事問題に無関心だった。

Step 1

① 　1. ウ　2. イ　3. ア　4. エ　5. エ　6. エ　7. ウ　8. エ　9. イ
② 　1. オ　2. エ　3. ク　4. カ　5. ケ　6. イ　7. ウ　8. ア　9. キ
③ 　1. イ　2. ア　3. ウ　4. ア　5. ア

Step 2

① 1. ア　2. イ　3. エ　4. ウ
② 1. concept / conception　2. contradiction　3. invasion　4. starvation
　 5. jealousy

Step 3

1. カ　2. キ　3. ウ　4. イ　5. オ　6. ク　7. ア　8. エ
【和訳】 1. 我々の電車はじきに京都駅に着く予定だ。
　2. 刺されたところをかかないようにしなさい。
　3. 彼には将来したいことについての漠然とした考えしかない。
　4. 犬はたいてい飼い主に忠実だ。
　5. 彼の失礼な質問に講演者は怒った。
　6. 先生は小論文を，それらのテーマに限定した。
　7. 今年は母の誕生日が母の日と重なる。
　8. 彼女は離婚することを決めた。

Challenge

1. ウ　2. イ　3. ア
【解説】 1. congratulate「に祝いの言葉を述べる」【和訳】ジェーンが有名な医学校に入学が認められたと聞いたとき，私は彼女にお祝いを言うためすぐに電話した。
　2. compensate *A* for *B*「A(人)にBに対して補償する」【和訳】事故後，裁判官は彼に被害者の家族へ損害に対して賠償するように求めた。
　3. last「(一定期間)続く」【和訳】私たちは午後2時に会議を始め，それは午後6時まで続いた。

Part 3　ここで差がつく300語
Section 14-2　単語番号 1301 〜 1400

問題編
p.92

Step 1

① 1. ウ　2. ア　3. ア　4. ウ　5. エ　6. ウ　7. ア　8. イ　9. ウ
② 1. オ　2. イ　3. ケ　4. ク　5. ア　6. エ　7. カ　8. キ　9. ウ
③ 1. イ　2. ア　3. ア　4. イ　5. イ

Step 2

① 1. エ　2. ア　3. イ　4. ウ
② 1. offense　2. coincidence　3. digestion　4. humidity　5. infinity

Step 3

1. ウ　2. エ　3. ア　4. イ　5. キ　6. ク　7. オ　8. カ

和訳 1. 彼らは自分たちの秘密を彼女に告白した。
　　2. 彼はいつも学歴を自慢している。
　　3. ついに彼は目標を達成することができた。
　　4. 私はシャツに新しいボタンを縫いつけた。
　　5. 彼は横浜市長に立候補するだろう。
　　6. 審査委員会は数人の科学者から成る。
　　7. 泥棒が事務所に押し入った。
　　8. 株価は変化がないままだ。

Challenge

1. ウ　2. エ　3. エ

解説 1. assure ～ that...「～（人）に…だと言って安心させる」 和訳 彼は計画は適切に進んでいるのだと言って自分自身を安心させようとし続けたが，彼の戦術は彼をひどく不安にさせた。
　　2. triumph「（大きな）勝利」 和訳 勝利とは大きな成功や偉業のことで，たくさんの技能や努力とともに得られたものをさすことが多い。
　　3. due to ～「～のために，～のせいで」

Part 3　ここで差がつく300語
Section 14-3 単語番号 1301 ～ 1400
問題編 p.94

Step 1

① 1. ウ　2. ア　3. エ　4. イ　5. エ　6. ア　7. ア　8. ア　9. イ
② 1. ク　2. ケ　3. エ　4. オ　5. イ　6. キ　7. カ　8. ア　9. ウ
③ 1. ア　2. イ　3. イ　4. イ　5. ア

Step 2

① 1. ア　2. ウ　3. イ　4. エ
② 1. envious　2. persistent　3. cautious　4. legendary　5. prestigious

Step 3

1. イ　2. ア　3. ウ　4. カ　5. ク　6. オ　7. エ　8. キ

和訳 1. 彼女は洗濯する前に服を水に浸す。
　　2. 私はスプーンでコーヒーをかき回した。
　　3. 彼らは尊厳をもって子供たちに接している。

4. 良好な血行は脳を健康に保つのを助ける。

5. 原子の集合体が分子を構成する。

6. 私は砂浜を素足で歩いた。

7. 彼らは新参者に敵意のある態度を取った。

8. 大統領は最高権力を有する。

Challenge

1. エ　2. ア　3. ア

解説 1. consent「承諾」**和訳** 医師たちは一切の医療処置を行う前に患者から承諾を得なければならない。

2. disguise *oneself*「変装する」**和訳** 彼女は変装したので，誰も彼女が誰であるかわからなかった。

3. How dare you *do*!「君はよくも…できるな！」**和訳** A：よくも私を侮辱したわね！
B：ごめん，そんなつもりはなかったんだ。許してくれるかい？